Highlights

DRESDEN

DIE 50 ZIELE, DIE SIE GESEHEN HABEN SOLLTEN

Das Theater auf der

Highlights DRESDEN

Peter Hirth
Ulrike Striebeck

BRUCKMANN

Anmut, Ernst und Heiterkeit tanzen goldschimmernd um den Mozartbrunnen (oben), der im Park der Bürgerwiese steht. Wer mit offenen Augen durch Dresden geht, entdeckt das sehenswerte Detail (Mitte) überall – in Kirchen, Museen, Parks und Wohnhäusern. Das wiedererrichtete spätbarocke Coselpalais (unten) lockt mit feinster Konditoreikunst.

Inhaltsverzeichnis

Eine dem Schönheitsbad entstiegene Sandsteinskulptur (oben) schaut in den selten so leeren Zwingerhof. Bei der jährlichen Dresdner Schlössernacht hoch über der Elbe verzaubert nicht nur die Blumenfrau (Mitte). Zur Landpartie lädt das Barockschloss Moritzburg inmitten einer erholsamen Wald- und Teichlandschaft ein (unten).

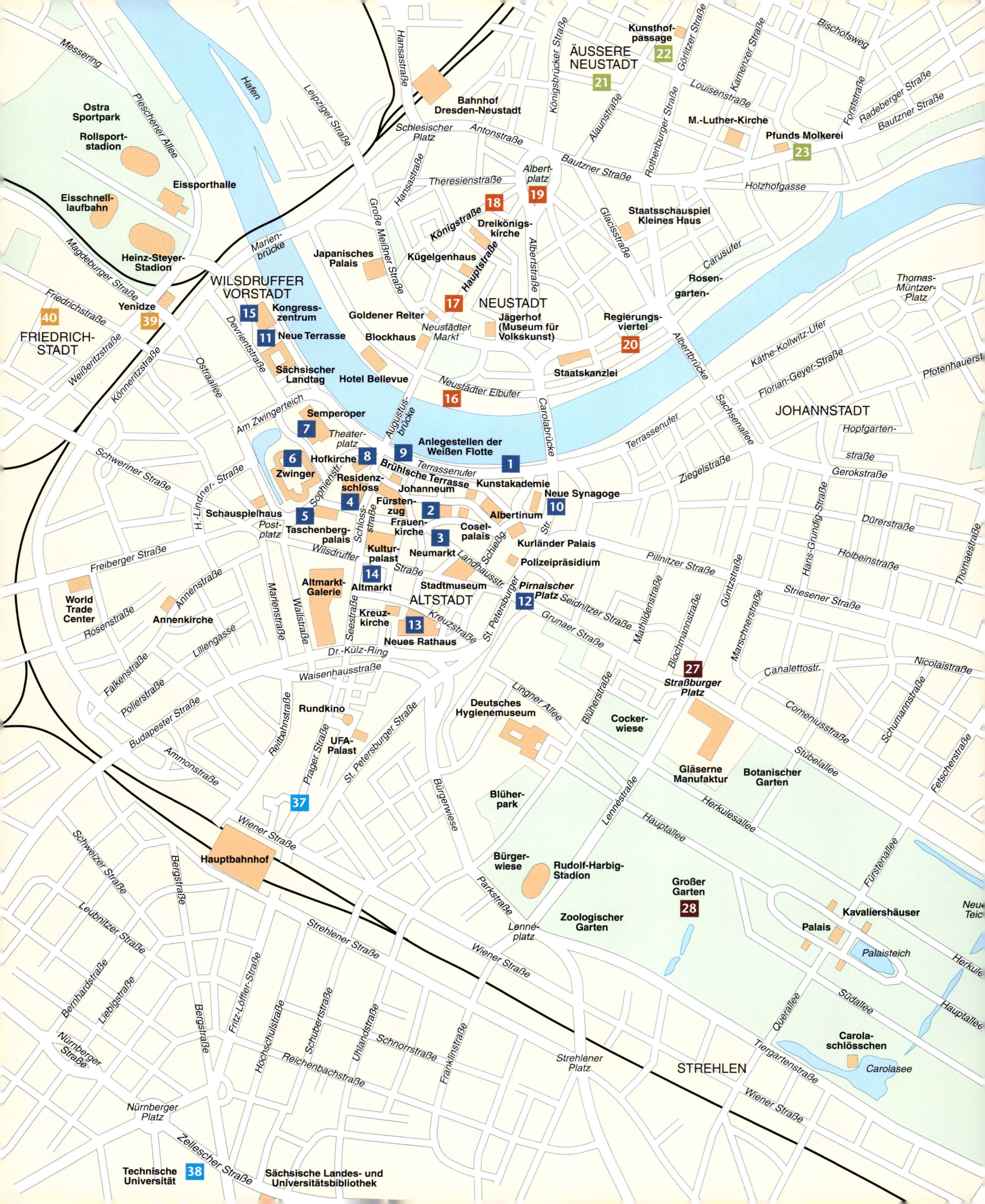

Messering
Hafen
Ostra
Sportpark
Rollsport-
stadion
Pieschener Allee
Eissporthalle
Eisschnell-
laufbahn
Heinz-Steyer-
Stadion
Magdeburger Straße
Friedrichstraße
40
FRIEDRICH-
STADT
Weißeritzstraße
Yenidze
39
Könneritzstraße
Marien-
brücke
WILSDRUFFER
VORSTADT
15
Kongress-
zentrum
11
Neue Terrasse
Devrientstraße
Ostraallee
Sächsischer
Landtag
Hotel Bellevue
Leipziger Straße
Hansastraße
Bahnhof
Dresden-Neustadt
Schlesischer
Platz
Antonstraße
Theresienstraße
Große Meißner Straße
Japanisches
Palais
Königstraße
18
Dreikönigs-
kirche
Kügelgenhaus
Hauptstraße
17
NEUSTADT
Goldener Reiter
Neustädter
Markt
Blockhaus
Jägerhof
(Museum für
Volkskunst)
Albert-
platz
19
Albertstraße
Königsbrücker Straße
Kunsthof-
passage
22
ÄUSSERE
NEUSTADT
21
Görlitzer Straße
Alaunstraße
Rothenburger Straße
Louisenstraße
Kamenzer Straße
Bischofsweg
M.-Luther-Kirche
Forststraße
Radeberger Straße
Bautzner Straße
Pfunds Molkerei
23
Holzhofgasse
Staatsschauspiel
Kleines Haus
Glacisstraße
Carusufer
Rosen-
garten-
Regierungs-
viertel
20
Staatskanzlei
Albertbrücke
Thomas-
Müntzer-
Platz
Käthe-Kollwitz-Ufer
Florian-Geyer-Straße
Pfotenhauerstr.
JOHANNSTADT
Sachsenallee
Neustädter Elbufer
16
Carolabrücke
Am Zwingerteich
Semperoper
7
Theater-
platz
Augustus-
brücke
9
Anlegestellen der
Weißen Flotte
1
Terrassenufer
Schweriner Straße
6
Zwinger
Hofkirche
8
Brühlsche Terrasse
Residenz-
schloss
Johanneum
Kunstakademie
Neue Synagoge
10
H.-Lindner-Straße
Sophienstr.
4
Fürsten-
zug
2
Albertinum
Schauspielhaus
5
Post-
platz
Taschenberg-
palais
Schloss-
straße
Frauen-
kirche
Cosel-
palais
3
Schießg.
Kurländer Palais
Wilsdruffer
Kultur-
palast
Neumarkt
Landhausstr.
Polizeipräsidium
Freiberger Straße
14
Altmarkt
Straße
Altmarkt-
Galerie
Stadtmuseum
ALTSTADT
Pirnaischer
Platz
12
Seidnitzer Straße
World
Trade
Center
Annenstraße
Annenkirche
Rosenstraße
Marienstraße
Wallstraße
Seestraße
Kreuz-
kirche
13
Kreuzstraße
Neues Rathaus
St. Petersburger Str.
Grunaer Straße
Pillnitzer Straße
Mathildenstraße
Blochmannstraße
Güntzstraße
Marschnerstraße
Hans-Grundig-Straße
Terrassenufer
Ziegelstraße
Hopfgarten-
straße
Gerokstraße
Dürerstraße
Holbeinstraße
Striesener Straße
Thomaestraße
27
Straßburger
Platz
Canalettostr.
Nicolaistraße
Liliengasse
Falkenstraße
Dr.-Külz-Ring
Waisenhausstraße
Polierstraße
Rundkino
Deutsches
Hygienemuseum
Lingner Allee
Blüherstraße
Cocker-
wiese
Comeniusstraße
Schumannstraße
Budapester Straße
Reitbahnstraße
Prager Straße
UFA-
Palast
St. Petersburger Straße
Ammonstraße
Gläserne
Manufaktur
Botanischer
Garten
Stübelallee
Fetscherstraße
37
Bürgerwiese
Blüher-
park
Lennéstraße
Herkulesallee
Wiener Straße
Hauptbahnhof
Schweizer Straße
Bergstraße
Hauptallee
Bürger-
wiese
Rudolf-Harbig-
Stadion
Großer
Garten
28
Fürstenallee
Kavaliershäuser
Parkstraße
Leubnitzer Straße
Strehlener Straße
Lenné-
platz
Zoologischer
Garten
Palais
Palaisteich
Wiener Straße
Bernhardstraße
Liebigstraße
Fritz-Löffler-Straße
Schubertstraße
Uhlandstraße
Südallee
Querallee
Hauptallee
Nürnberger
Straße
Hochschulstraße
Schnorrstraße
Franklinstraße
Reichenbachstraße
Strehlener
Platz
STREHLEN
Tiergartenstraße
Carola-
schlösschen
Carolasee
Wiener Straße
Nürnberger
Platz
Zellescher Straße
Technische
Universität
38
Sächsische Landes- und
Universitätsbibliothek

DRESDEN
N
0
500 m
Highlights
Historische Altstadt
Innere Neustadt
Dresdner Norden
Dresdner Osten
Dresdner Süden
Dresdner Westen
Rund um Dresden
Elbe
Metropolis
Brockhausstr.
Brockhaus-garten
Schloss Albrechtsberg
31
Albertpark
Bautzner Straße
Pillnitzer Weg
Körnerweg
Villa Stockhausen
Schloss Eckberg
34
Weißer Hirsch
Elbradweg
Schevenstraße
Schillerstraße
Körnerweg
LOSCHWITZ
33
Schiller-häuschen
Leinpfad
Fährgässchen
Käthe-Kollwitz-Ufer
Pfotenhauerstraße
Universitäts-
klinikum
Goetheallee
Lothringer Weg
Händelallee
32
BLASEWITZ
Waldpark
Fetscherstraße
Neuer Jüdischer Friedhof
Fiedlerstraße
Blasewitzer Straße
Vogesenweg
Waldparkstr.
Naumannstraße
Loschwitzer Brücke "Blaues Wunder"
Loschwitzer Straße
Schiller-platz
Mendelssohnallee
Teutoburgestraße
Hüttenstraße
Wittenberger Straße
Augsburger Straße
Kyffhäuserstraße
Hüblerstraße
Berggarten-straße
Kretschmerstraße
Tolkewitzer Straße
Fetscherstraße
Wormser Straße
Tittmannstraße
Barbarossa-platz
Eisenacher Straße
Niederwaldstraße
Holbeinstraße
Haydnstraße
Borsbergstraße
Krenkelstraße
Rosa-Menzer-Straße
Bergmannstraße
Tzschimmerstraße
H.-Seidel-Park
Dornblüthstraße
Niederwaldstraße
Oehmestraße
Pillnitzer Landstraße
STRIESEN
Wormser Straße
Ermelstraße
Mariä-Himmelfahrt
Eisenacher Straße
Augsburger Straße
Tolkewitzer Straße
Stresemann-platz
Schandauer Straße
Glashütter Straße
Wittenberger Straße
Altenberger Straße
Tauscherstraße
Hofmannstraße
Müller-Berset-Straße
Bertold-Brecht-Allee
Schlüterstraße
Technische Sammlungen
Versöhnungs-kirche
Comeniusstraße
Bergmannstraße
Karl-Roth-Straße
Hepkestraße
Drachen-wiese
Stübelallee
Karcherallee
Tetschener Straße
Zwinglistraße
GRUNA
Winterbergstraße
Radeburg
Ottendorf-Okrilla
50
Bautzen
Lommatzsch
48
Moritzburg
49
Albrechtsburg
Meißen
Porzellanmanufaktur
Weixdorf
Kleinröhrsdorf
Rammenau
Bischofswerda
Coswig
Radeberg
Schloss Klippenstein
Putzkau
Wilthen
Heidefriedhof
26
Hellerau
Radebeul
24
30
Dresdner Heide
Neukirch
Cossebaude
47
25
Albertstadt
Stolpen
41
Dresden
35
Elbe
29
Asisi Panometer
Hosterwitz
SÄCHSISCHE SCHWEIZ
Neustadt
TSCHECH.
Rheinsberg
Freital
Pillnitz
36
43
Hohnstein
Sebnitz
Mohorn
Kleinvoigtsberg
45
Heidenau
Pirna
Bastei
Lichtenhain
Niederschöna
Tharandter Wald
Grillenburg
42
Elbsandsteingebirge
Lichtenhainer Wasserfall
Weesenstein
Groß-sedlitz
Lilienstein
46
Müglitz
Königstein
Bad Schandau
44
0
N
10 km
Dippoldiswalde
Reinhardtsgrimma
Bielatal
Nationalpark Sächsische Schweiz

Wenn der »Fürstenzug« lebendig wird, begrüßen die früheren Monarchen (oben) majestätisch die jetzt Lebenden. Der Stallhof (Mitte) ist der willkommene Ruhepol im Zentrum der Großstadt. Museumsbesuch (unten) ist ein Muss in Dresden, und jeder findet das Passende. Sandstein (rechte Seite) in Dunkel oder Hell, also in Alt oder Neu.

Die sympathische Elbmetropole im Wandel

Neuer Dreiklang von Architektur, Kultur und Natur

Dresden ist leider nicht einmalig. Rund 30 Orte weltweit tragen diesen Namen, die meisten in den USA. Doch unser Dresden an der Elbe ist etwas Besonderes. Die sächsische Landeshauptstadt und ihre abwechslungsreiche Umgebung sind durch die geniale Verbindung von weltbekannter Kultur mit einzigartiger Natur immer eine Reise wert, auf der man etwas erleben soll, von dem man später erzählen kann. Die 50 besten Ideen stellt dieser Bildband vor und macht damit Lust auf einen Erstbesuch oder auf ein Wiedersehen, denn Dresden ist wie ein Magnet: Wer einmal hier war, kommt aus guten Gründen immer wieder.

Viele Bundesbürger tragen ein Stück Dresden in die Welt, denn der Sicherheitschip auf dem Scheckkarten-Personalausweis wird hier hergestellt: ein kleiner Beweis, dass an der Elbe nicht nur Tradition, sondern auch Innovation zu Hause ist. Am Wirtschafts- und Wissenschaftsstandort Dresden arbeiten Unternehmen neben Hochschulen und Forschungsinstituten. Die sächsische Lebensart, die vielfältige Kultur und die bezaubernde Landschaft sind ideale Begleiter.

Die grüne Stadt

Rund 530000 Einwohner leben hier, und sie vermehren sich schneller als in anderen Kommunen, genießen die gemächliche Gangart beim Älterwerden. Die zwölfte Stelle im BRD-Bevölkerungsvergleich kann sich sehen lassen. Flächenmäßig ist es sogar der vierte Platz, der pures Gold wert ist. Die größte Hauptstadt eines deutschen Flächenstaates bietet 328 Quadratkilometer in bester Lage. Wer Dresden umrundet, ist 140 Kilometer weit unterwegs und stößt bei kleinen Abstechern auf historische Kerne, denn die Stadt vereint 116 ehemalige Dörfer. Welcher Großstädter wünscht sich nicht, bei Bedarf schnell im Grünen zu sein? Kein Problem. Im Zentrum stehen weite Elbwiesen, die mehrfach in Terrassenweinhänge übergehen. Dresdner Heide und Großer Garten bieten fußläufig Natur vom Feinsten. Parks und 300 Wasserspiele sind Oasen im Großstadtgewusel, genau wie 58 Friedhöfe. 374 Kleingartenanlagen dienen der aktiven Erholung. Linde, Ahorn, Kastanie, Ginkgo, Magnolie, Lederhülsenbaum und weitere 100 Arten säumen mit rund 50000 Ex-

Im Zwinger wurde vor fast 300 Jahren die erste Hochzeit gefeiert. Er ist auch heute der richtige Platz für den Schritt ins gemeinsame Leben (oben). Das Nymphenbad (rechts) gäbe dafür ebenfalls eine romantische Fotokulisse ab. Das Denkmal von Martin Luther (unten) ist *der* Treffpunkt auf dem Neumarkt für alle Dresden-Besucher.

emplaren die Straßen. Zwischen Trambahngleisen wächst Rasen, der den Lärm reduziert und Feinstaub bindet – ein grüner Daumen dank weitblickender Stadtplanung und traditionsreicher Gartenkultur über die Jahrhunderte hinweg. Mit 62 Prozent Wald- und Grünfläche gehört Dresden zu den natürlichsten Städten Europas und bietet ausreichend Raum für sportliche Aktivitäten im Freien.

Touristen tanken Farben und Klänge

Rund zehn Millionen Besucher aus aller Welt tummeln sich jährlich hier. Jeder fünfte davon übernachtet, wählt sein Idealbett unter 20 000 aller Kategorien von Luxus bis Standard. Viele Wege führen nach Dresden aus der Luft, auf Schienen, Asphalt oder auf dem Wasser. Über ein sehr gutes öffentliches Verkehrsnetz sind Stadt und Umland verbunden.

34 Theater und Spielstätten, 48 Museen und 60 Galerien sind Heimat einer lebendigen und kreativen Kultur- und Kunstszene. Unterschiedlichste Angebote stehen täglich zur Auswahl – von weltbekannt bis individuell, von Klassik bis zeitgenössisch, von Festspielen bis zu Straßenmusikern. Und die breite Museumslandschaft ist durch Neu- und Wiedereröffnungen ständig in Bewegung. Besonders zu empfehlen ist ein Blick von einem Turm oder aus einem Ballon auf Altbekanntes und Neuentstandenes. Zu jeder Tageszeit spielt Licht eine besondere Rolle: Die Morgennebel verziehen sich, die Sonne zaubert warme Sandsteinfarben, abends spiegeln sich Feuerwerke im Elbwasser.

Außerhalb der Stadtgrenzen lockt jede Himmelsrichtung mit unverwechselbar Schönem: Sächsische Schweiz, Osterzgebirge, Tharandter Wald, Meißen, Moritzburg oder Lausitz. Alles liegt nah beieinander und ist landschaftlich und geschichtlich äußerst vielfältig.

Unterscheidung in »vor 1945« und »nach 1945«

Die über 800-jährige Geschichte von der slawischen Siedlung Drezdany, einer sumpfigen Niederung, zur heutigen Elbmetropole ist sehr wechselvoll. 1206 wurde der Ort erstmals urkundlich erwähnt, zehn Jahre später bereits als Stadt. Herzog Albrecht wählte 1485 Dresden als Residenz der Wettiner. Kurfürst Moritz ließ im 16. Jahrhundert eine schützende Festung bauen, die Burg zum Schloss umgestalten und den Grundstein für höfische Kunstsammlungen legen. Besonderen Aufschwung erlebte Dresden im Augusteischen Zeitalter von 1694 bis zum Siebenjährigen Krieg 1756. Nach italienischen und französischen Vorbildern entstand die barocke Stadt, in Elbsandstein gemeißelt. Sammlungen von europäischer Bedeutung wurden aufgebaut. Später schuf die Industrialisierung den bedeutenden Wirtschaftsstandort, der um 1900 durch Eingemeindungen zur Großstadt wurde. Sie konnte ihre Reize bewahren, wurde zum attraktiven Touristenziel. Der schwerste Einschnitt waren die Luftangriffe im Februar 1945. Die großflächigen Zerstörungen konnten nur über mehrere Generationen aufgearbeitet werden. 1989 war Dresden neben Leipzig ein wichtiger Ausgangspunkt für die friedliche Revolution, die zur deutschen Wiedervereinigung führte. Heute ist Dresden auf dem Weg, erneut eine der attraktivsten Großstädte zu werden.

»Mir Dresdner sin fischelant«

Der sächsische Dialekt wird geliebt und belächelt. Bestimmte Begriffe beschreiben prägnant, was gemeint ist. Pfiffige, fleißige Dresdner, die wissen, was sie wollen, und das auch tun, gelten als »fischelant«. Sie machen aus jeder Situation das Beste, sind clever und erfindungsreich. Sie lachen über sich selbst, denn

Sommerlich leicht empfängt Schloss Pillnitz (oben) seine Besucher zum Bummeln im Park oder zum Museumsbesuch. Das filigrane Meißner Porzellan (Mitte) ist heute so beliebt wie vor 300 Jahren. Das Taschenbergpalais (unten) ist zu alter Schönheit zurückgekehrt. Die Elbe und das viele Grün (links) machen Dresden so lebenswert.

Die Meißner Fummel (oben), Spezialität der örtlichen Konditorei »Zieger«, musste früher heil bis Dresden kommen. Heute ist der Christstollen (Mitte) das bekannteste Gebäck – nur echt mit Stollensiegel, worauf auch die erzgebirgische Leuchterfrau auf dem Striezelmarkt (unten) achtet. Der Fürstenzug ist das weltgrößte Porzellanbild (rechts).

das Leben im früheren »Tal der Ahnungslosen« war mit Humor besser zu ertragen. Wer hier geboren wurde, verlässt seine Heimat ungern. Wenn doch, dann zieht man jung in die Welt, geht dort seinen Weg, kehrt aber gern kurzzeitig oder für immer zurück, wie die Schauspieler Wolfgang Stumph und Jan Josef Liefers. Andere kommen aus verschiedenen Regionen und Gründen und finden hier das richtige Umfeld für ihr Tun. Sie verschmelzen mit den hier Geborenen. Alle tragen das Dresden-Gen der Liebe zur sympathischen Stadt in sich und vererben es weiter.

»Fischelanz« hat viele Gesichter: Der angeberische Alchimist Johann Friedrich Böttger etwa wollte pures Gold herstellen. Mit seinem »weißen Gold« brach er spektakulär das asiatische Porzellangeheimnis. Und der visionäre Ratszimmermeister George Bähr glaubte – ganz allein – an seine steinerne Glocke, die sich erst über 200 Jahre später dem Feuersturm beugen musste. Heute begeistern neue Visionäre die gesamte Welt für den Wiederaufbau der Frauenkirche.

Musiker wie Heinrich Schütz, Carl Maria von Weber oder Richard Wagner waren wahre Operngenies ihrer Zeit. Sächsische Staatskapelle, Dresdner Philharmonie, Kreuzchor und Kapellknaben tragen heute Dresdens Musikruhm in die Welt.

Kurfürst Friedrich August I. von Sachsen war als August II. König von Polen und ist als August der Starke bekannt wegen vieler Legenden um zerbrochene Hufeisen, seiner zahlreichen Mätressen, seiner reichen Nachkommenschaft. Doch noch wichtiger: Er ließ eigene Ideen von hervorragenden Meistern in großartige Bauwerke verwandeln. Diese Zeugnisse von Macht, Reichtum, Kunstsinn und Lebensfreude begeistern noch heute sachsenweit.

Aus Dresden kommen Köstlichkeiten wie der Weihnachtsstollen, die Milchschokolade, Dominosteine und Russisch Brot. Und weitere schöne Dinge des Lebens haben hier ihren Ursprung: Bierdeckel, Teebeutel, Kaffeefiltertüte und nicht zuletzt der Büstenhalter, den Christine Hardt 1899 beim Kaiserlichen Patentamt anmeldete.

Stadt des Schlemmens

Die Gastronomie erlaubt eine kulinarische Weltreise. Starten sollte man mit Raritäten, die es (fast) nur hier gibt: Eierschecke, Quarkkeulchen, sächsische Kartoffelsuppe, Elbtalwein oder ein Schälchen »Heeßen« statt Cappuccino. Schnell wird man süchtig nach regionaler Vielfalt von herzhaft bis süß. Geschlemmt wird in passenden Lokalitäten mit Panoramablick zur Frauenkirche, in einem gemütlichen Biergarten an der Elbe, in einem tiefen Kellergewölbe mit Geschichte oder einer schrillen Szenekneipe in der Neustadt. Kultur spielt immer die Begleitrolle, ohne auf die Uhr zu schauen: Sächsisches Bier schmeckt schon beim Dixieland-Frühschoppen, einheimischer Sekt nach einem Konzert, Döner oder der Ost-Klassiker Softeis in Schoko, Vanille, Erdbeere nach einer durchtanzten Nacht.
Shopping in der Elbmetropole ist facettenreich. Die Fußgängermeile Prager Straße und Altmarkt sind für ihre attraktiven Einkaufsgalerien bekannt. Individuelle Läden laden um die Frauenkirche ein. Als Adresse für gehobenes Shopping gilt das Barockviertel. Die Äußere Neustadt schließt sich mit Szeneläden an. Und mit dem Striezelmarkt hat Dresden den schönsten und ältesten Weihnachtsmarkt, der mittlerweile viele Nachahmer gefunden hat.

Das Szene-Café »Blumenau« (oben) in der Louisenstraße bietet von früh bis in die Nacht typische Neustadt-Atmosphäre. Im Kostümverleih »Leihgarde« (unten) in der benachbarten Alaunstraße kann man leicht in eine andere Haut schlüpfen. Der Pusteblumenbrunnen (links) in der Prager Straße bietet Leichtigkeit auf ganz andere Art.

HISTORISCHE ALTSTADT

Der Stallhof (oben) mit dem italienischen Säulengang schließt an den Georgenbau des Schlosses an. Verführung in Augusteische Zeit: das Sächsische Barockensemble (Mitte). Am Terrassenufer (unten) begegnen sich Elbe und Brühlsche Terrasse. Die Semperoper und der Theaterplatz mit dem König-Johann-Denkmal (rechts) verzaubern im Abendglanz.

Die Elbe ist allgegenwärtig: beim Blick von der Frauenkirche über die Kunstakademie (oben) oder beim Abendtreff der Schiffe vor der bekannten Altstadtkulisse (unten). Natürlich zeigt sich der Fluss auch von seiner besten Seite, wenn von der Neu- auf die Altstadt geschaut wird (rechte Seite) – er verdoppelt die Schönheit noch durch Spiegelung.

1 Altstädter Elbufer – die zauberhafte Stadtsilhouette

Harmonisches Zusammenspiel von Architektur und Landschaft

Die Elbe verbindet Dresden mit der Tschechischen Republik, denn sie entspringt als Labe nahe der Schneekoppe im Riesengebirge. Auf der anderen Seite verbindet sie die Stadt mit der großen weiten Welt, weil sie hinter Dresdens Partnerstadt Hamburg nach 1094 Kilometern bei Cuxhaven in die Nordsee mündet. Die sächsische Landeshauptstadt hat ein besonders schönes Stück dieser Wasserstraße abbekommen.

Rund 30 Kilometer weit fließt die Elbe in anmutigen Bogen durch Dresden. Die besondere Atmosphäre und die hohe Lebensqualität der Stadt entstehen durch die Elbhänge mit Parks und Weinbergen, durch die Flussauen mit Wiesen und erhaltenen Dorfkernen, durch bekannte Innenstadtbauten, markante Schlösser sowie vielfältige Wohnquartiere.

Dresdner Elbtal, Welterbe der Herzen

Die Elbe ist beliebt und begehrt. Der Fluss hat Größe und Schönheit, muss keinen Bewerber abweisen. Es gibt ein friedliches Miteinander von weitgereisten Flusskreuzfahrern, quertreibenden Fähren, sportlichen Paddlern, kleinen Motorschiffen, spritzigen Sportbooten, Mini-Segel-Jollen, lustigen Floßtruppen, modernen Salonschiffen, runden Grillbooten und tuckernden Lastkähnen. Sogar mutige Schwimmer mischen sich ins Getümmel. Besonders viele sind es Mitte August beim Elbschwimmen über 3,5 Kilometer zwischen Blasewitz und Johannstadt. Da gehen Teilnehmer von acht bis 80 Jahren mit einfacher Badehose oder fantasievollem Kostüm ins warme Nass. Ein Zusammenstoß mit Wasserbewohnern ist durchaus möglich, denn mit verbesserter Wasserqualität fühlen sich Fische zunehmend wohl, wie etwa die Lachse, die zwischen Sächsischer Schweiz und Atlantik unterwegs sind.

Die traditionellste Art der Fortbewegung auf der Elbe ist eine Dampferfahrt. Die älteste und größte Schaufelraddampferflotte der Welt ist von März bis Dezember regelmäßig aktiv. Sie geht auf das Jahr 1836 zurück, als zwölf Dresdner Bürger das Privileg zur Gründung der Elbdampfschiffahrts-Gesellschaft erhielten. Heute hat die Sächsische Dampfschifffahrt neun historische Schaufelraddampfer im Alter von 85 bis 135 Jahren. Obwohl sie also ihr Rentenalter schon lange erreicht hätten, gehören sie durchaus nicht zum alten Eisen, sind technisch und optisch auf dem besten Stand, wahre Hingucker und Publikumslieblinge. Der Personendampfer »Diesbar«,

Auf der Augustusbrücke erinnert »Die Woge« (oben) an das Elbehochwasser 2002. Fast 100 Meter Höhenunterschied: Blick von der Frauenkirchen-Kuppel über die Brühlsche Terrasse bis zur »Meissen« (unten). Dampfer in Feierabendposition (rechte Seite unten). Der Theaterkahn (rechte Seite oben) erwartet seine Zuschauer unterhalb der Kathedrale.

gebaut 1884, wird als einziger traditionell mit Kohle befeuert, alle anderen mit extra leichtem Heizöl.
Die Anlegestellen am Terrassenufer zwischen Augustus- und Carolabrücke sind gut erreichbar. Je nach Zeit und Lust bieten sich Stadtrundfahrten zu Wasser, Schlössertouren nach Pillnitz oder Reisen entlang der Sächsischen Weinstraße Richtung Meißen an. Großer Beliebtheit erfreuen sich Themenausflüge. Da gibt es *swinging Dixieland*, stimmungsvolle Lichterfahrten, mal wird zum Lunch geladen und in der Vorweihnachtszeit zum Stollen – den schönsten Blick bei sanfter Bewegung immer inklusive. Absolute Höhepunkte sind die Dampferparaden mit der gesamten Flotte am 1. Mai und zum Stadtfest im August.

Landschaft zum Schauen und Träumen

Die nächste Dampfertour startet in einer halben Stunde. Die ersten Interessenten, einige mit Fahrrädern, warten mit ihren Tickets schon am Anleger. Noch ein Blick in Richtung Augustusbrücke. Dies ist die älteste Elbquerung: hölzern um 1070, steinern ab 1222. Ihre heutige Form bekam sie 1910, um mit weiten Bögen dem wachsenden Wasserverkehr bessere Bedingungen zu bieten. Zu besten Zeiten waren 33 Dampfschiffe im Einsatz. Schon seit Mitte des 18. Jahrhunderts schaut der schmale, hoch aufragende Turm der katholischen Hofkirche dem Treiben auf dem Fluss zu, kennt den Strom mit seinen Schönheiten, aber auch schmerzbringenden Grausamkeiten. Der optimale Wasserstand liegt um die zwei Meter. Doch die Elbe ist kein Fluss mit Mittelmaß. Sie liebt Extreme.

Zurück zum Dampfer, wo hektische Betriebsamkeit herrscht. Nicht nur die alte Technik braucht ihren Vorlauf, auch die Gastronomie. Und der Gast möchte ja das Angenehme mit dem Nützlichen verbinden.
Die kleine Absperrkette am Steg wird entfernt. Die Gäste entern das Schiff, natürlich friedlich, aber zielstrebig. Wichtig ist der richtige Sitzplatz: links, rechts, am besten in der Mitte – unten oder besser oben – ein Platz auf dem Sonnendeck oder vorausschauend lieber drinnen im Unterdeck. Wenn all das entschieden ist, schweifen die Blicke über die historische Altstadt. Was verbirgt sich hinter den mächtigen Festungsmauern, die die Brühlsche Terrasse tragen? Da ist der Durchgang zur Münzgasse, in der heute kein Hartgeld mehr geprägt, sondern in leckere Kalorien verwandelt wird. Vom Himmel hebt sich die Kunstakademie mit ihrer gefalteten Kuppel und der goldenen Fama ab. Sie scheint über dem gläsernen Dach zu schweben, um es nicht zu verletzen. Zu ihrer Entstehungszeit war die im Volksmund »Zitronenpresse« genannte Kuppel heftig umstritten und galt als Konkurrenz zur steinernen Glocke der Frauenkirche. Heute sind beide eine Bereicherung der Altstadt und nicht mehr wegzudenken.
Der Schiffsführer grüßt von der Kommandobrücke: »Herzlich willkommen an Bord!« Die Taue werden gelöst, 300 PS setzen die »Dresden«, das Flaggschiff der Flotte, langsam in Bewegung. Als Startzeichen ertönt ein kräftiger Dampfstoß, dann wird der Schornstein eingeklappt, um unter der Carolabrücke durchzupassen. Die Passagiere machen es sich gemütlich, winken zum Ufer, von dort wird

zurückgewinkt. Die reizvollen Bauensembles der Altstadt verschwinden aus dem Blickfeld, Möwen begleiten die Fahrt, die ersten Elbwiesen tauchen auf, zwei Angler versuchen ihr Glück.
An der Albertbrücke herrscht buntes Gewimmel. Auf dem Elbeflohmarkt bieten Hunderte von Händlern Trödel und Antikes feil. Tausende Neugierige schauen und werden fündig in dem breiten Sortiment mit Originellem und Regionalem, das jahrelang in der Rumpelkammer vergessen war. Dieses entspannte Trödeln mit Flair ist Kult und findet jeden Sonnabend ab neun Uhr morgens statt. Spezielle Sammler ziehen schon eine Stunde früher ihre Kreise.
500 Meter weiter lockt inmitten der Uferwiesen ein uriger Biergarten, der »Fährgarten Johannstadt«, mit Plätzen unter Schatten spendenden Bäumen oder auf der überdachten, windgeschützten Terrasse. Für Kinder ist gleich nebenan ein großzügiger Spielplatz. Es gibt einen Anlegesteg, aber nur für Paddler.

Maschinenpower treibt Schaufelräder

Das Innenleben der Dampfer ist noch zu bestaunen. Experten wissen, dass es sich um eine schräg liegende Zweizylinder-Heißdampf-Verbundmaschine mit Einspritzkondensation und Ventilsteuerung handelt und um einen Zwei-Flammrohr-Zylinderkessel. Für Laien ist es eine toll gepflegte Maschine, die sich gern bewundern lässt bei ihrer Verwandlung von Dampf in Fortbewegung. Stromaufwärts erreicht sie zwölf Stundenkilometer, elbabwärts geht es rund acht Stundenkilometer schneller. Die Zeit vergeht wie im Flug, und schon ist das Terrassenufer wieder in Sicht. Bevor die »Dresden« elegant anlegt, dreht sie noch eine halbe Pirouette, um ihren Fahrgästen einen abschließenden Rundumblick zu schenken.

KUNST & KULINARIK AUF DEM WASSER

Der Theaterkahn auf der Elbe zwischen Semperoper und Frauenkirche ist seit 20 Jahren Heimat für das »Dresdner Brettl« und das Restaurant »Kahnaletto«. Diese einzigartige Kombination entstand auf einem verrosteten Lastkahn, der 75 Jahre Getreide, Erz und Kohle transportierte. Täglich außer montags laden Soloabende, Komödiantisches und Literarisch-Musikalisches ein. Der Spielplan reicht von Kästner bis Loriot, von Heine bis Kreisler. Viele Produktionen sind speziell für dieses Haus, besser: diesen Kahn geschrieben. Hervorragende Dresdner Schauspieler, Musiker und Gäste schaffen eine besondere Atmosphäre. Davor oder danach bietet der schwimmende Italiener »Kahnaletto« Leckeres für den Gaumen. Das Auf und Ab der Elbe übersteht der Theaterkahn unbeschadet. Er ist bestens informiert, weil auf ihm der Pegel Dresden rund um die Uhr angezeigt wird.

WEITERE INFORMATIONEN

Sächsische Dampfschiffahrt: Anlegestelle Terrassenufer 2, 01067 Dresden, Tel. 0351 866090, www.saechsische-dampfschiffahrt.de
Theaterkahn: Terrassenufer an der Augustusbrücke, 01067 Dresden, Tel. 0351 4969450, www.theaterkahn.de, www.kahnaletto.de

Die beeindruckende Innenkuppel der Frauenkirche (oben) mit Darstellung der vier Evangelisten und der christlichen Tugenden. Der Maler Christoph Wetzel griff die ursprüngliche Form- und Farbensprache des italienischen Theatermalers Johann Baptist Grone auf. Blick vom Türkenbrunnen zur Frauenkirche am späten Nachmittag (rechte Seite).

2 Frauenkirche – das größte Sandstein-Puzzle der Welt

Brücken bauen, Versöhnung leben, Glauben stärken

Die Frauenkirche ist das bekannteste Bauwerk Dresdens. Ihr Wiederaufbau wurde weltweit unterstützt und beachtet. Seit ihrer Weihe 2005 ist sie der Anziehungspunkt für Millionen Christen, Touristen und Konzertbesucher. Die hell-dunkle Fassade macht ihre Vergangenheit noch lange ablesbar. Alte und neue Steine zeigen eindrucksvoll, dass Zukunft aus Geschichte wächst und dass Wunden heilen können.

Rund 1000 Jahre begleitet die Frauenkirche die Dresdner. Verschiedene Vorgängerbauten, bis ins 16. Jahrhundert noch außerhalb der Stadtmauer, waren der Muttergottes geweiht. Sie trugen den Namen »Unserer Lieben Frauen«, der zu »Frauenkirche« verkürzt und auch nach der Reformation beibehalten wurde. Wegen Baufälligkeit wurde die gotische Kirche zu Beginn des 18. Jahrhunderts abgerissen.

Einzigartiges Bauwerk und Mahnmal

1722 beschloss der Rat der Stadt Dresden einen vollständigen Neubau und beauftragte den Ratszimmermeister George Bähr (1666–1738). Nach langwierigen Planungen entschied er sich auf der vergleichsweise kleinen Fläche für einen Zentralbau mit achteckigem Grundriss. Vier Ecktürme streben nach oben zur glockenförmigen Kuppel, die mit einer Laterne bekrönt wird. Diese Kuppelkirche im Herzen der Residenz sollte an italienische Vorbilder erinnern, als protestantischer Kirchenbau aber auch einzigartig sein. Aus Finanzgründen war keine kupfergedeckte Holzkuppel vorgesehen, sondern eine aus massivem Sandstein. Konnte diese Glockendoppelkonstruktion, die 12000 Tonnen auf die Waage brachte, überhaupt statisch funktionieren? Ja. 1743 wurde der Bau fertiggestellt. Bährs Ziel, dass die Frauenkirche »von Grund aus bis oben hinauf gleichsam nur ein einziger Stein« sei, war verwirklicht.

200 Jahre lang prägte der Kuppelbau das Stadtbild. Zwei Tage nach der Bombardierung im Februar 1945 durch die Alliierten stürzte die ausgebrannte Frauenkirche in sich zusammen. Anders als die meisten Innenstadtgebäude hatte sie Angriff und Feuersturm scheinbar überstanden. Doch dann musste sie der extremen Hitzeeinwirkung Tribut zollen. Über vier Jahrzehnte erinnerte die Ruine als Mahnmal an die Schrecken des Krieges. Sie wurde gesichert, der Altarbereich eingemauert und der Trümmerberg mit Rosen bepflanzt. Seit dem 13. Februar 1982, als sich an der Ruine erstmals junge Men-

Der Kammerchor der Frauenkirche beim Konzert (oben). Die Gloriole über dem Altar und die neue Kern-Orgel mit dem nachgebauten barocken Orgelprospekt (unten). Der Kircheninnenraum mit den Betstuben (rechte Seite unten) unter der ersten Empore. Abendlicher Blick auf die dezent beleuchtete Kuppel (rechte Seite oben) von der Brühlschen Terrasse aus.

schen mit Kerzen versammelten, entwickelte sie sich zum Symbol der Friedensbewegung und Ort des gewaltfreien Protests.

Eine neue Vision wird Realität

Die friedliche Revolution 1989 brachte die Wende für die Frauenkirche. Am 13. Februar 1990 traten engagierte Bürger mit dem Ruf aus Dresden an die Öffentlichkeit. Die Idee vom Wiederaufbau wurde in die Welt getragen, und die Welt spendete mehr als 100 Millionen Euro, womit über die Hälfte der Gesamtkosten gedeckt werden konnte. Die archäologische Enttrümmerung der 22000 Kubikmeter dauerte insgesamt 17 Monate. Die erste Steinversetzung, nicht Grundsteinlegung, fand am 27. Mai 1994 statt.
Der Grundstein liegt ja bereits seit dem 26. August 1726 an seinem Platz im Fundament des Choranbaus.
Elf Jahre wurde die Kirche Stück für Stück wieder aufgebaut. Zunächst bot ab 1996 die Unterkirche Raum für Gottesdienste, Andachten und Konzerte. Schnell wuchs die Kirche. Ein Dach, das hydraulisch angehoben werden konnte, schützte das frei liegende Mauerwerk vor Witterungseinflüssen. Man begann 1996 in einer Höhe von 12,50 Metern, und im November 2003 wurde mit 83 Metern die höchste Position erreicht. Das mehrmalige Anheben der Schutzhülle zeigte den Baufortschritt und machte immer wieder neugierig auf das, was zum Vorschein kam. Exakt 8425 alte Steine, die in riesigen Regalen warteten, wurden integriert. Da im Kuppelbereich nur neues Baumaterial verwendet wurde, steht an der Kirchennordseite ein großes Fragment, das die mächtige Wandstärke zeigt. 2003 war das Geläut zum ersten Mal zu hören, und im Inneren wurde fleißig gewerkelt. Am 30. Oktober 2005 wurde der Wiederaufbau durch die festliche Weihe der Kirche abgeschlossen.
Moderne Technologien und heutige Erkenntnisse der Statik und Bauphysik sind berücksichtigt, um die vielfältige Nutzung im 21. Jahrhundert zu sichern. Die rekonstruierte Frauenkirche ist eine ingenieurtechnische Spitzenleistung, in der sich die Kühnheit des barocken Baumeisters mit dem innovativen Können der Jetztzeit von Baudirektor Eberhard Burger paart.

Die offene Kirche lädt ein

Menschen steigen erwartungsvoll die wenigen Stufen zum Eingang D hinauf, und schon sind sie im Kirchenschiff. Sie halten inne. Der helle Innenraum mit seinen fünf halbkreisförmig angeordneten Emporen ist von beeindruckender Schönheit. Der Blick fällt auf Kanzel, Taufstein, Altar und Orgel, die direkt gegenüber zentral angeordnet sind. Das muss man wirken lassen. Das Gestühl aus Tannenholz bietet 1818 Plätze, ein Drittel davon im Kirchenschiff.
Bei der Enttrümmerung wurden fast 2000 Einzelteile des Altars des Bildhauers Johann Christian Feige dem Älteren (1689 bis 1751) mit der biblischen Szene »Jesus betet einsam im Garten Gethsemane« geborgen. Der Altar konnte rekonstruiert werden und besteht zu 80 Prozent aus Originalmaterial. Die neue Orgel mit 4876 Pfeifen schuf die Orgelbaufirma Kern aus Dresdens Partnerstadt Strasbourg im Jahr 2005. Gottfried Silbermann (1683–1753), der die verlorene Barockorgel baute, hatte im Elsass gelernt und gearbeitet. Seine ursprünglichen Bauprin-

zipien sind auf beeindruckende Weise klanglich erweitert worden. Die Frauenkirche klingt das ganze Jahr über bei 500 Orgelandachten, 180 Gottesdiensten mit Kirchenmusik und 130 Konzerten.
Die erste Empore mit ihren in Grün gehaltenen Fenstern provoziert Fragen, die ehrenamtliche Kirchenführer gern beantworten. Früher konnten Wohlhabende diese einzelnen Betstübchen mieten, um von dort dem Gottesdienst zu folgen. In der heutigen Kirche ist dies nur optisch übernommen, die Untergliederung gibt es nicht mehr. Der Blick schweift weiter nach oben. Die Innenkuppel wölbt sich zentral über dem Kirchenraum. Beeindruckend ist die Malerei von Christoph Wetzel, der die ursprünglichen Werke von Giovanni-Battista Grone nachempfunden hat. Die vier Evangelisten und die christlichen Tugenden Glaube, Liebe, Hoffnung und Barmherzigkeit verkünden das Wort und den Willen Gottes. Durch die Kuppelfenster fällt das Licht immer wieder auf einen anderen Teil der Kirche und erzeugt einen Sonnenuhreffekt der besonderen Art.
Als deutliches Zeichen der Erinnerung steht das 1993 aus den Trümmern geborgene beschädigte Turmkreuz im Kirchenschiff. Die Unterkirche ist ein Raum der Stille. Die fünf Kapellen thematisieren auf vielfältige Weise Zerstörung und Neubeginn.
Zum Besuch der Kirche laden acht Glocken ein. Das Geläut in den Ecktürmen C und E hat eine eigene unverwechselbare Stimmung. Die »kleine Maria« erklang bereits zwischen 1734 und 1925 in der Frauenkirche, kam 1998 nach Dresden zurück und vervollständigt als Gedächtnisglocke das Geläut. Die sieben anderen wurden in Karlsruhe neu gegossen. Und beim Verlassen der Kirche zünden nicht nur Christen eine Kerze an – ein Licht für einen Wunsch, eine Bitte.

STEINERNE GLOCKE

Die glockenförmige Sandsteinkuppel ist das Markenzeichen der Frauenkirche. Sie prägt die Stadtsilhouette und ist weltweit im Gedächtnis. Auf der Laterne steht seit 2004 das acht Meter hohe Turmkreuz mit vergoldetem Strahlenkranz. Es versinnbildlicht die gelebte Versöhnung: finanziert mit Spenden des Dresden Trust aus Großbritannien, gefertigt von Alan Smith, einem Londoner Kunstschmied und Sohn eines Piloten, der Dresden 1945 bombardierte. Die Aussichtsplattform in 67 Metern Höhe eröffnet ein traumhaftes Panorama. Der kostenpflichtige Aufstieg ist vom Kirchenraum getrennt. Am Eingang G führt ein Aufzug auf 24 Meter Höhe. Im stufenlosen Wendelgang wird die Kuppel zweieinhalb Mal umrundet – mit herrlichen Einblicken ins Kircheninnere. Esel transportierten einst das Baumaterial auf der Steigung von 14 Prozent nach oben. Heute sollten die Touristen vorher entscheiden, ob dieser Anstieg sowie einige steile Treppen zu ihrer Fitness passen.

WEITERE INFORMATIONEN

Frauenkirche: Neumarkt, Besucherzentrum: Georg-Treu-Platz 3 , 01067 Dresden, Tel. 0351 65 60 61 00, www.frauenkirche-dresden.de

Eine Altstadtrundfahrt mit dem Pferdebus (oben) führt durch die Töpferstraße zum Neumarkt. Blick von der Aussichtsplattform über der Frauenkirchen-Kuppel auf den Neumarkt mit seiner Außengastronomie (unten). Von der Brühlschen Terrasse führt der Weg über die Münzgasse zur Frauenkirche. Im Hintergrund steht der Rathausturm (rechte Seite).

3 Neumarkt – der Platz macht seinem Namen alle Ehre

Das Juwel Frauenkirche bekommt die passende Fassung

Rund um die Frauenkirche wachsen im 21. Jahrhundert neue Stadtquartiere, die dem Neumarkt die Erinnerung an die barocke Glanzzeit zurückgeben. Natürlich sind sie in ihrer dichten Urbanität von Freizeit, Wohnen und Arbeiten auch zukunftsorientiert. Ein weiterer innerstädtischer Treffpunkt für Einwohner und Gäste aus aller Welt ist im Werden und entwickelt gerade sein spezielles Flair.

Martin Luther (1483–1546) hat den räumlichen und geschichtlichen Überblick. Seit 1885 steht er in Bronze gegossen hoch über dem Neumarkt. Am Anfang beobachtete er, wie sich das seit der Barockzeit von Adligen, Beamten und Bürgern bewohnte Gebiet langsam veränderte. Die Reichen zogen in landschaftlich attraktivere Vororte. Sieben Hotels standen der wachsenden Zahl von Reisenden zur Verfügung, im Johanneum waren das Historische Museum, die Gewehrgalerie sowie die Porzellan- und Gefäßsammlung zu bestaunen. In anderen Häusern belegten Handel, Banken, Handwerk und Gastronomie die Erdgeschosse, Kanzleien nutzten die oberen Etagen, immer mehr Einkommensschwache wohnten zur Miete.

Martin Luther belauscht Gespräche

In den Kriegswirren 1945 fiel Martin Luther vom Sockel, musste eine Zwangspause von zehn Jahren einlegen und danach den traurigen Trümmerberg bewachen. Doch plötzlich tat sich etwas, woran er selbst nicht geglaubt hatte: Seine Frauenkirche entstand neu, und auch sein Denkmal mit Sockel und Treppenanlage bekam eine Verjüngungskur. Zum Glück wurde die zerstörte Einfriedung nicht wieder hergestellt. So ist ein wunderbarer Treffpunkt entstanden: Touristen sitzen zu Martin Luthers Füßen. Den Menschen aufs Maul schauen, wie es seine Art war, kann er aus seiner Position nicht, aber er kann ihnen vortrefflich zuhören. Wer sich hier trifft, macht sich keine Gedanken, wie Martin Luther die Welt in den letzten 500 Jahren verändert hat. Die Hand fest auf die Bibel gelegt, schaut er hoffnungsvoll in die Zukunft und freut sich über das friedliche Miteinander von Fußgängern, Rikschas, Conference-Bikes, Kinderwagen, Hunden, Tauben und Pferdekutschen.
100 Meter entfernt ein weiteres Denkmal, der stattliche Friedrich August II. (1797–1854), König von Sachsen. Zu seinen Füßen sitzen vier Grazien, aber keine lebenden Menschen, denn ein Zaun macht den ehemaligen Herrscher

Dampfer fahren!
0351 866090
sds-dd.de
TICKETS
sds-dd.de
zu vermieten
0351-498 98 03
DRESCHER
Restaurant & Bar
Wirtshaus Kutscherschänke
KUTSCHER
SCHIFF

Stuckarbeit am Johanneum (oben), die an seinen Erbauer, Kurfürst Christian I., erinnert. Den Langen Gang des Stallhofs schmücken Wappen und Geweihe (unten). Darunter befindet sich eine offene Bogenhalle mit einer Arkadenreihe aus 20 toskanischen Säulen (rechte Seite unten). Das Verkehrsmuseum mit seiner barocken Freitreppe (rechte Seite oben).

unnahbar und damit nicht zum zweiten Touristentreffpunkt.

Mischung aus Tradition und Innovation

Der Neumarkt und die angrenzenden Gebiete wurden nach der Zerstörung von den Ruinen befreit, und die erhaltenen Keller wurden verfüllt. Das Brachland um den Frauenkirchen-Trümmerberg blieb glücklicherweise über 50 Jahre unbebaut, und damit ergab sich in Verbindung mit dem Kirchenneubau die Chance einer städtebaulichen Gesamtlösung. Nach umfassenden Diskussionen stand das Konzept fest: historisch überlieferte Gebäude, sogenannte Leitbauten, geben das Maß vor, in das sich neue Architektur selbstbewusst einpasst. So wird seit rund zehn Jahren gebaut, und so wird es auch in Zukunft sein in den acht Quartieren mit ihren neuen, alten Straßen und Gassen.

Kulturgeschichtlich und städtebaulich besonders wertvolle Gebäude wurden und werden rekonstruiert. Am »British Hotel« in der Landhausstraße sind gerettete originale Fassadenfragmente wiederverwendet und die Keller weitgehend erhalten. Mit dem markanten Kopfbau Rampische Straße 33 als Auftakt zum Neumarkt ist wieder ein Stück altes Dresden zurück: Die Fassade mit dem ausgebauten Steildach ist aufwendig mit Fenstergewänden und Ornamenten aus Sandstein verziert. Das sogenannte Dinglinger-Haus, das einem Bruder des Hofjuweliers gehörte, ist in Planung.

Neues präsentiert sich mit modernen technischen Einrichtungen, aber hinsichtlich Gestaltung und Material den Nachbargebäuden verpflichtet. Das Quartier an der Frauenkirche, kurz QF, kombiniert das Weigelsche Haus als historischen Leitbau und moderne Gebäude. Es gibt sich nach außen abwechslungsreich kleinteilig, überrascht im Inneren mit einer dreigeschossigen überdachten Einkaufspassage, eine edle Shopping-Adresse und Heimat für die »Dresden Information«. Insgesamt entsteht ein lebendiger Mix aus Hotellerie, Gastronomie, Läden, Büros, Wohnungen und Lebensgefühl – eine moderne Lösung für innerstädtische Bebauung. Die Kombination von originalgetreuem Nachbau und moderner Architektur macht den Reiz der Neumarktquartiere aus, ist aber auch umstritten. Jeder sollte sich sein eigenes Bild machen.

Keller und Fliesen erzählen Geschichte(n)

Das städtebauliche Experiment geht weiter. Zwischen Frauenkirche und Schloss ist der Bebauungsplan beschlossen. Die Archäologen haben zu graben begonnen, und jeder kann mit gebührendem Abstand dabei sein, wenn im Stadtzentrum zum letzten Mal in die Tiefe und in die verborgene Geschichte geschaut wird. Da ist Pläner aus dem 13. Jahrhundert, dort sind Sandsteinquader aus der Barockzeit, und wenn sie rot geglüht sind, zeugt das von der Hitze der Feuersbrunst im Februar 1945. Wertvolles wird im Landesamt für Archäologie gesichert, andere Teile der historischen unterirdischen Welt der Keller und Festungsmauern werden in Neubauten integriert, leicht zu finden im zweiten Tiefgeschoss des Parkhauses Neumarkt oder im Restaurant »Pulverturm«.

Als einziger Neumarkt-Bau hat das Verkehrsmuseum noch ganz viel historische

Substanz, die teilweise mehr als 400 Jahre alt ist. Das denkmalgeschützte Renaissance-Gebäude wurde 1586 als Stall, Remise und Rüstkammer gebaut, hatte viele andere Nutzungen und passt nach seiner Fassadensanierung perfekt zur neu entstandenen Umgebung. Der Stallhof, einer der ältesten erhaltenen Turnierplätze der Welt, verbindet es mit dem Schloss. Der lange Gang, die zur Hofseite offene Arkadengalerie mit 22 toskanischen Säulen, ist geschmückt mit Trophäen und Reliefs. Der Hof diente als Schauplatz für Turniere, Hetzjagden und das Ringstechen. Zwei Bronzesäulen erinnern an diese ritterliche Geschicklichkeitsübung, bei der mit einer Lanze nach einem herabhängenden Ring gestochen wurde. Heutzutage ist der mittelalterliche Weihnachtsmarkt Anziehungspunkt. An der Außenseite des Stallhofes befindet sich der Fürstenzug. Das 101 Meter lange Wandbild stellt die Geschichte des sächsischen Herrschergeschlechtes des Hauses Wettin als überlebensgroßen Reiterzug dar. 35 Markgrafen, Kurfürsten und Könige hoch zu Ross sowie 59-mal Fußvolk als Wissenschaftler, Künstler, Handwerker, Bergleute, Bauern und Kinder sind auf dem größten Porzellanbild der Welt aus 24 000 Meißner Fliesen abgebildet. Der Schöpfer dieser Bahn der Blaublütigen und ihrer Begleiter war Wilhelm Walther (1826–1913), der sich mit seinem großen schwarzen Hut als Letzter im Bild verewigte. Zur 800-Jahr-Feier Dresdens im August 2006 wurde die Wand lebendig. Geschickte Frauen hatten alle Gewänder in Samt, Seide, Brokat und Pelz nachgearbeitet, und der Fürstenzug reihte sich beim Festumzug ein. Im Schloss Rochlitz in Mittelsachen ist der lebendige Fürstenzug zwischen seinen spektakulären Ausritten zu Hause.

VON A WIE AUTO BIS Z WIE ZUG

Der ehemalige königliche Stall ist zu seinen Wurzeln zurückgekehrt. Früher waren Pferde vor der Kutsche, heute sind sie als PS in der Kutsche, besser gesagt in Autos, Lokomotiven, Flugzeugen und Schiffen. Tonnenschwere Originale, sehenswerte Raritäten, filigrane Modelle, multimediale Aktualität: Das Verkehrsmuseum bietet eine Zeitreise durch die mobile Welt. Die Sammlung mit verkehrstechnischem Hintergrund ist die perfekte Ergänzung der Museumslandschaft der Innenstadt. Ein Schwerpunkt ist die Verkehrsentwicklung in Sachsen, wie die erste Ferneisenbahnstrecke Leipzig–Dresden oder die Automobilherstellung in Zwickau. Thematische Sonderausstellungen ergänzen regelmäßig das Angebot. Das Museum ist nicht nur etwas für Spezialisten, sondern ein Familienerlebnis zum Mitmachen und Ausprobieren.

WEITERE INFORMATIONEN

Verkehrsmuseum: Augustusstraße 1, 01067 Dresden, Tel. 0351 86440, www.verkehrsmuseum-dresden.de
Dresden Information: Neumarkt 2, 01067 Dresden, Tel. 0351 501501, www.dresden.de/tourismus
Fürstenzug zu Dresden: www.fuerstenzugdresden.de

Der Kleine Schlosshof (oben) empfängt die Besucher mit Licht- und Schattenspielen, die das transparente Dach erzeugt. Straßenkünstler (unten) erfreuen an vielen Plätzen der Innenstadt die Touristen. Die Spiegelwände im Pretiosensaal des Historischen Grünen Gewölbes (rechts) scheinen die Anzahl der Exponate zu vervielfachen.

4 Schloss als Residenz für Kunst und Wissenschaft

Ein großes Werk geht schrittweise seiner Vollendung entgegen

Jeder Besucher im Kleinen Schlosshof schaut nach oben. Ein transparenter Rautenhimmel überspannt majestätisch das 600-Quadratmeter-Areal. Mit dieser scheinbar schwebenden Dachkonstruktion luftgefüllter Membranen wurde dem jahrhundertealten Schloss eine moderne Zeitschicht hinzugefügt, ohne die historische Substanz zu verletzen. Das an Kuppeln reiche Dresden hat ein weiteres Wahrzeichen.

Der Kleine Schlosshof ist das Besucherfoyer. Hier werden Museumskarten verkauft, hier starten die Schloss- und Ausstellungsführungen. Der eleganteste Weg führt über den roten Teppich der wiederhergestellten neobarocken Englischen Treppe, die sich dank ihrer Stuckdecke in den Himmel zu öffnen scheint. Der Name stammt aus dem Jahr 1693, als Kurfürst Johann Georg IV. zum Ritter des englischen Hosenbandordens ernannt wurde. Die breite, über vier Pfeiler geführte Treppe mit Putten, die vier Kontinente symbolisieren, war dem sächsischen Herrscherhaus und seinen Gästen vorbehalten. Heute sind alle Besucher willkommen und werden im ersten Obergeschoss höchstpersönlich von den einst hier Residierenden aus dem Hause Wettin empfangen.

Es grüßen die Regenten

In der festlichen Fürstengalerie wartet der letzte sächsische König Friedrich August III., der seine Abdankung nach der Novemberrevolution 1918 mit den Worten »Dann macht Euren Dreck doch aleene« kommentiert haben soll. Auf Augenhöhe ist der Besucher auch mit den anderen Königen, natürlich nur als Büsten. Da ist Friedrich August I., unter Napoleons Gnaden ab 1806 erster sächsischer König. Er verlor durch die Kooperation mit dem Franzosen mehr als die Hälfte des sächsischen Territoriums. Gegenüber an der prächtigen roten Seidenwand grüßt Moritz, der 1547 von Kaiser Karl V. die Kurwürde verliehen bekam und das Schloss wegen dieser politischen Aufwertung sofort repräsentativ im Renaissancestil ausbauen ließ. Auf großen Gemälden von Louis de Silvestre (1675 bis 1760) verabschieden August der Starke, sein Sohn und ihre beiden Angetrauten Christiane Eberhardine und Maria Josepha die Gäste. Das Verdienst dieser Regenten war, dass sie nicht nur leidenschaftlich wie ihre Vorgänger sammelten, sondern die Bestände wissenschaftlich aufbereiten ließen und sie teilweise der Öffentlichkeit zugänglich machten.

Die Besucher im Historischen Grünen Gewölbe (oben) staunen über Pracht und Vielfalt. Sie erfahren die Details über die Räume und die Meisterwerke mithilfe von Audioguides. Die reich verzierte Kugellaufuhr (unten) ist ein Wunderwerk der Mechanik. In den Truhen des Kamels (rechts) sind vier Parfümflakons versteckt.

Kunst in den Grünen Gewölben

Im Neuen Grünen Gewölbe liegen in perfekt ausgeleuchteten spiegelfreien Vitrinen rund 1000 ausgesuchte Meisterwerke aus Gold, Silber, Emaille und Edelsteinen, aus Elfenbein, Perlmutt, Kokosnüssen und Straußeneiern. Da ist der europäische Traum vom überquellenden Reichtum des Fernen Ostens. Der indische Großmogul Aureng-Zeb hat Geburtstag, und die Fürsten seines gewaltigen Reiches nähern sich voll Ehrerbietung mit Geschenken. 4909 Diamanten, 164 Smaragde, 160 Rubine, 16 Perlen, zwei Kameen und ein Saphir verzauberte Hofjuwelier Johann Melchior Dinglinger (1664–1731) in seiner Werkstatt in filigrane Juwelierkunst.

Sogar ein Winzling schafft es zum Publikumsmagnet: ein in Ohrschmuck eingearbeiteter, kunstvoll geschnitzter Kirschkern hat laut Inventar »185 Angesichter«. Beim Blick durchs Vergrößerungsglas kann jeder selbst nachzählen. Auch Hofnarr Joseph Fröhlich hat sein Geheimnis. Er ist seit 1720 mit dem Schweinewagen unterwegs. Hinter den Türen seines kuriosen Gefährts sitzt er mit heruntergelassener Hose. Den Nachttopf hat er gleich dabei.

Die kurfürstlich-königliche Schatzkammer ist noch viel praller gefüllt. Das Historische Grüne Gewölbe im Erdgeschoss ist ein begehbarer Tresor, der aus der »Geheimen Verwahrung« mit malachitgrünen Wänden hervorging. Heute erstrahlen die festliche Architektur und das funkelnde Fürstenglück in neuem Glanz. In originalgetreu hergestellten Räumen stehen 3000 bezaubernde Kunstwerke frei auf vergoldeten Konsolen und Tischen vor verspiegelten Wänden, was die Faszination noch steigert.

Aus konservatorischen Gründen ist die Besucherzahl begrenzt. Es ist sinnvoll, die Eintrittskarten im Vorverkauf zu erwerben. Der Audio-Guide-Rundgang beginnt mit dem Bernsteinkabinett, geht über das Elfenbein- ins Weißsilber- und silbervergoldete Zimmer zum Pretiosensaal. Prachtvoll sind kostbare Gefäße aus farbigen Edelsteinen, Bergkristall, Seeschnecken und Straußeneiern in Szene gesetzt. Durch ein schmiedeeisernes Gitter geht der Blick ins Eckkabinett mit kleinformatigen Kostbarkeiten. Nach dem Wappen- folgt das Juwelenzimmer mit der einmaligen Kollektion repräsentativen Fürstenschmucks. Französische Kleinbronzen und Renaissance-Bronzen beenden den Rundgang.

Vor acht prunkvoll geschmückten Pferden mit osmanischem Reitzeug bleibt der Besucher in gebührendem Abstand stehen. Die Araberhengste sehen lebensecht aus, sind aber in Originalgröße

passgenau nach historischen Überlieferungen aus Holz geschnitzt. Ihr Stall ist eine Glasvitrine. Dahinter beginnt abgedunkelt eine orientalische Wunderwelt mit Zelten, Fahnen, Kostümen, Prunkreitzeug und Waffen. Einmalig sind Reflexbogen mit Originalbespannung von 1586 und vier faltbare Trinkbecher aus Leder.
Warum befindet sich die mit rund 600 Exponaten aus drei Jahrhunderten älteste und bedeutendste Sammlung osmanischer Kunst außerhalb der Türkei ausgerechnet in Dresden? Der sächsische Hof feierte gern im orientalischen Gewand. August der Starke (1670–1733) bewunderte das Osmanische Reich und schickte seinen Adjutanten Johann Georg Spiegel auf exotische Einkaufstour nach Konstantinopel. Neben Pferden und Kamelen stand eine komplette Zeltstadt für barocke Feste auf der Liste. Das Zeithainer Lager mit rund 800 Zelten war der absolute Höhepunkt, eine grandiose Truppenschau für 48 geladene europäische Fürsten und ihre Militärs im Juni 1730. Das größte Objekt ist glücklicherweise erhalten geblieben: ein osmanisches Dreimastzelt, ein 20 Meter langer, acht Meter breiter und sechs Meter hoher Traum aus Gold und Seide. In der Türckischen Cammer schwebt das aufgespannte Zelt. Blüten, Ranken, Ornamente aus Atlasseide, Baumwolle und vergoldetem Leder – orientalischer Glanz hautnah in Dresden.

Ritter reiten im Riesensaal

Das Schloss hatte einen Riesensaal für prunkvolle Feste, bewacht von den namengebenden gemalten Riesen. 1733 entstanden daraus Schlafräume für viele kleine Prinzen und Prinzessinnen. 280 Jahre nach seinem Verschwinden ist der neue Riesensaal in geändertem Gewand und mit anderer Bestimmung da. Seine

In den originalgetreu hergestellten Räumen der Schatzkammer August des Starken (links) im Erdgeschoss laden rund 3000 Kunstwerke auf vergoldeten Konsolen und Tischen zum Schauen ein. Auch die anderen Schloss-Museen wie das Neue Grüne Gewölbe (oben, Mitte) und die Türckische Cammer (unten) präsentieren Ungewöhnliches.

Im Studiensaal (oben) kann recherchiert werden. Die schnelle Verbindung zwischen Taschenbergpalais und Schloss (unten). Der osmanische Sattel (rechts) glänzt in der Türckischen Cammer. Der Riesensaal ist das grandiose Zuhause der kostbaren Rüstkammer (rechte Seite unten). Im Großen Schlosshof (rechte Seite oben) ist Sgraffito neu entstanden.

700 Quadratmeter Fläche und seine knapp zehn Meter Höhe unter der gewölbten Decke bieten das richtige Ambiente für 350 Schätze der Rüstkammer, die einen Gesamtbestand von 13 500 Objekten hat. Sie ist aus der Herzoglichen Harnischkammer von 1485 hervorgegangen.

Der Riesensaal ist ein grandioser Schauplatz für diese kostbaren Hieb-, Stich- und Feuerwaffen, Rüstungen, Prunkkleider und Bilder. Die Präsentation steht exemplarisch für Feste und Turniere als Bestandteil des höfischen Zeremoniells. Mut, Gewandtheit, Körperkraft des Einzelnen binden sich ein in Macht und Pracht des sächsischen Hofes zwischen dem 15. und 18. Jahrhundert. Zu bestaunen ist feinste Handwerkskunst der einheimischen Waffenschmiede, Kunsthandwerker, Maler und Kostümschneider. Zahlreiche Kostbarkeiten sind auch Geschenke an den Hof oder gezielte Ankäufe in ganz Europa.

Der Rundgang beginnt im Getümmel von 1545. Auf offener Bühne wird mit lebensgroßen Holzpferden und Reiterfiguren mit Harnisch und Lanze eine dynamische Turnierszene nachgestellt: Herzog August, der spätere Kurfürst, und Fabian von Schöneich beim Scharfrennen, detailgetreu inszeniert nach zeitgenössischen Gemälden. Innerhalb von 20 Jahren hat August sein Geschick unter dieser schweren, starren Rüstung 55-mal unter Beweis gestellt.

Machtzentrum der Kurfürsten und Könige

Im 13. Jahrhundert wurde eine Burg erwähnt, 200 Jahre später das erste Schloss im Renaissancestil. Es wurde verändert

und erweitert, zuletzt um 1900 zum 800. Jahrestag der Wettin-Herrschaft im Stil der Neorenaissance. Durch die Luftangriffe in den letzten Monaten des Zweiten Weltkriegs brannte das Schloss mit 500 Sälen und Zimmern aus. Die Kunstschätze waren ausgelagert, der Großteil der kostbaren Innenausstattung ging verloren. Nach Ruinensicherung dienten einzelne Räume als Lager, Gewölbe als Kartoffelkeller und zur Champignonzucht. Der immer wieder diskutierte Abriss wurde verhindert.

Nach Fertigstellung der Semperoper begann 1985 der Wiederaufbau. Die Außenfassaden sind wie vor der Zerstörung im Stil der Neorenaissance gehalten, das Innere wurde zum Museumskomplex für die Staatlichen Kunstsammlungen Dresden umgestaltet. Erste Rückkehrer waren das Münzkabinett mit 30 000 Münzen und Medaillen sowie das Kupferstichkabinett, die älteste grafische Sammlung im deutschsprachigen Raum. Thematische Ausstellungen zeigen kleine Kost-

proben der halben Million Werke aus acht Jahrhunderten.
Jüngstes Kind ist die Schlosskapelle mit ihrem meisterhaft rekonstruierten Schlingrippengewölbe, das an die Entstehungszeit um 1550 erinnert. Die evangelische Kapelle war Wirkungsstätte herausragender Kapellmeister wie Heinrich Schütz (1585–1672). Mit der Konversion Augusts des Starken zum katholischen Glauben verlor sie ihre Bedeutung, wurde 1737 als sakraler Ort aufgegeben und das kunstvolle Gewölbe zerstört. Nun ist der Himmel aus doppelt geschwungenen Sandsteinrippen und Ziegeln wieder entstanden, eine Detektivarbeit, denn im Mittelalter hatten Baumeister ihr Wissen nur mündlich weitergegeben. Das Ergebnis macht stolz. Alte Handwerkstechniken wurden wiederbelebt, genau wie bei der Amalgamspiegel-Herstellung für das Historische Grüne Gewölbe.
Über die Hälfte der Schlossflächen ist mittlerweile belegt, Sonderausstellungen präsentieren sich in Halbfertigem. Es wird weiter gebaut. Konkrete Pläne und Probeachsen gibt es für die Repräsentations- und Festetage im zweiten Obergeschoss. Sie wird in den ursprünglichen Glanz des 18. Jahrhunderts zurückversetzt: Dort kann man dann wie damals flanieren und weitere kostbare Sammlungsbestände würdig präsentieren. »Weltsicht und Wissen um 1600« wird es später im Georgenbau heißen, die Gotische Halle wird eine Ausstellung zur Schlossgeschichte aufnehmen. Einen Endtermin gibt es nicht. Jede Teilfertigstellung wird als ein weiterer Meilenstein gefeiert.

KRATZPUTZ-FASSADEN

Die Aussichtsplattform des Hausmannsturmes in 38 Metern Höhe bietet von April bis Oktober den besten Blick auf die Sgrafﬁtofassaden im Großen Schlosshof. Eine Bilderwelt à la Renaissance ist im Werden, wie es sie ab 1557 gab, die verblasste oder beim Schlossbrand 1701 verloren ging. Ein kleines originales Sgraffiti-Band ist im Bärengartenflügel zu entdecken.
13 Handwerker und Künstler haben neues Spezialwissen erarbeitet. Auf den Grundputz kommt ein Zentimeter Sgraffito-Putz, dessen Farbigkeit durch gemahlene Holzkohle entsteht. Weiße Kalktünche folgt. Das gewünschte Motiv wird aufgepaust, Linien und Flächen mit einem Griffel aus dem weichen Untergrund ausgekratzt. Der dunkle Putz kommt zum Vorschein. Das Tagwerk muss vorm Abbinden geschafft sein. Später folgt ein unsichtbarer wasserabweisender Überzug. Antike Helden und biblische Themen spielen die Hauptrolle. In der weiß-dunklen Figurenwelt wird geliebt, gekämpft, verraten, gemordet.

WEITERE INFORMATIONEN

Staatliche Kunstsammlungen Dresden:
Residenzschloss, Taschenberg 2,
01067 Dresden, Tel. 0351 49142000,
www.skd.museum

Der Hofstaat des Großmoguls von Hofjuwelier Dinglinger – eine Vision von orientalischer Macht und Pracht

Der repräsentative Eingang des Taschenbergpalais (oben) empfängt die Gäste. Zur kleinen Auszeit laden Außenplätze vor dem Restaurant »Apotheke« (unten) ein. Eine Sandstein-Putte (rechte Seite unten) blickt von der Zwinger-Balustrade auf Palais und Schloss. An Sophienkirche und Busmannkapelle erinnert eine Gedenkstätte (rechte Seite oben).

5 Taschenbergpalais – gestern und heute eine noble Adresse

Aus einem Liebesnest wurde ein Lieblingshotel

Der Taschenberg ist eine kleine Anhöhe über der Elbe, die das Areal hochwassersicher und damit zu Bauland machte. Mit einer markgräflichen Burg dort fing alles an. Die Top-Adresse entstand ab 1705, als August der Starke ein Stadtpalais für seine Geliebte Anna Constanze von Hoym errichten ließ. Und seit 1995 empfängt das erste Fünfsternehotel Sachsens hier seine Gäste.

August dem Starken werden 365 leibliche Kinder nachgesagt. Dieses Gerücht entstand, als eine abgewiesene Verehrerin verlauten ließ, dass sie einen, der jede Nacht ein Kind zeuge, nicht haben wolle. Anerkannt sind sein ehelicher Sohn, der sein Nachfolger wurde, und acht Kinder mit unterschiedlichen Frauen.

Stoff für die Boulevardpresse

Die Bekannteste unter den Geliebten war Gräfin Cosel. 1680 als Anna Constantia von Brockdorff geboren, heiratete sie 1703 den sächsischen Obersteuereinnehmer Adolf Magnus von Hoym, dem sie nach Dresden folgte. Kurz darauf eroberte sie mit ihrer Schönheit und ihrem Charme das Herz des Monarchen, und er holte sie als offizielle Mätresse an seinen Hof. Anders als die heimlichen Geliebten heutzutage waren Mätressen damals durchaus akzeptierte Nebenfrauen. Sie wurde 1706 in den Reichsgrafenstand erhoben als Anna Constantia Reichsgräfin von Cosel und konnte sich sogar einen Ehevertrag ertrotzen, der später aber zur Makulatur wurde. Zu Hause war sie über den Weinbergen im Spitzhaus oder im lieblichen Elbtal in Pillnitz.

August I. ließ für sie noch ein Stadtpalais, das Taschenbergpalais, unter Einbeziehung von Vorgängerbauten errichten. Es war 1708 bezugsfertig, und hier verbrachte sie ihre sieben besten Jahre, bis sich das bekannteste Liebespaar des beginnenden 18. Jahrhunderts in Sachsen auseinanderlebte. Die Cosel wollte nicht nur Geliebte und Mutter von drei gemeinsamen Kindern sein, sie mischte sich auch in die Politik ein. Das sah man am sächsischen Hof nicht gern, und so musste sie wieder umziehen, diesmal unfreiwillig und für sehr lange Zeit. Nach kleinen Zwischenstopps wurden die dicken Mauern von Burg Stolpen am Rand des Elbsandsteingebirges für 49 Jahre ihr Privatgefängnis.

Die nachfolgenden Bewohner des Taschenbergpalais, die jeweiligen Kronprinzen mit ihrer Familie, blieben länger. Über rund 150 Jahre wurde im Prinzenpalais immer mal wieder gewerkelt, an-

und umgebaut, neu eingerichtet. Aus dem barocken Einzelgebäude wurde eine repräsentative Vierflügelanlage mit Innenhöfen.

Aus Alt mach Neu

Der Zweite Weltkrieg ließ nur birkenbewachsene Mauerreste und Teile der doppelläufigen Treppe zurück. Aus wenig originaler Bausubstanz und mit viel Liebe zur Historie schuf der Kempinski-Hotel-Konzern das erste Fünfsternehotel in Sachsen, das 1995 eröffnete. Barocke Pracht, wie der sehenswerte Mittelrisalit des Hauptgebäudes, verbindet sich mit modernem Design und allem, was der Gast sich wünscht.
Wer ins Gewölberestaurant »Sophienkeller« hinabsteigt, traut seinen Augen kaum. Die Cosel und ihr Verführer sind dort inmitten von Musikanten, Wahrsagern und allerlei Künstlervolk noch am Leben. Im Café »Apotheke« lädt das Schokoladenmädchen in Kaffeehausatmosphäre ein. Das Interieur entstammt tatsächlich einer Apotheke. Statt Pillen und Salben tragen heute jedoch frischer Kuchen, Torten und Eiskreationen zum Wohlbefinden der Heilsuchenden bei. Im Winter werden die Kalorien gleich wieder abgearbeitet: Glitzerndes Eis lädt im offenen Innenhof zum Schlittschuhlaufen rund um den Weihnachtbaum ein, der am Abend vielfarbig angestrahlt wird. Das Leben kann so schön sein. Das sagten auch die Dresdner, als ihre Stadt 1840/41 von der Cholera verschont blieb. Aus Dank stiftete Freiherr Eugen von Gutschmid den schlanken neugotischen Cholerabrunnen mit einer Warnung: 40 Wasserspeier mit zum Teil abscheuerregenden Reptilien zeigen die Gesundheitsgefahren unreinen Trinkwassers. Die zahlreichen Verzierungen und Tiere machen ihn zum ornamentreichsten Brunnen Dresdens.

SPURENSUCHE

Versteckt hinter Bürogebäuden an der Kleinen Brüdergasse steht etwas Unfertiges. Touristen werden neugierig. Hier stand bis zum Totalabriss 1963 die Ruine der Sophienkirche. Im Pflaster ist der Grundriss maßstabsgerecht durch rötliche Steine nachgezeichnet. Sie war 1351 Kirche des Franziskanerklosters und ab 1737 Evangelische Hofkirche. 1864 wurden zwei markante neugotische Türme vorgeblendet. Die Gedenkstätte Busmannkapelle soll an die Kirche erinnern. Um 1400 stiftete die Patrizierfamilie Busmann die Familien- und Begräbniskapelle. Die gotische Kapelle der Jetztzeit wurde in diesen Grundformen mit vorfabrizierten Architekturteilen aus Sichtbeton wieder aufgebaut. Geborgene Originalsteine, deren Brand- und Altersspuren sich deutlich vom hellen Beton abheben, wurden integriert und spenden Authentizität. Der alles schützende Glaskubus wird nach Kassenlage des rührigen Vereins später ergänzt.

WEITERE INFORMATIONEN

Taschenbergpalais: Taschenberg 3, 01067 Dresden, Tel. 0351 491 20, www.kempinski.com, www.sophienkeller-dresden.de, www.cafe-apotheke.de
Busmannkapelle: Kleine Brüdergasse, 01067 Dresden, www.busmannkapelle.de

Das »Nymphenbad« (oben) ist eine der schönsten Barockbrunnenanlagen, ein Wassertheater mit lusterzeugendem Schmuck. Sandsteinskulpturen (unten) umsäumen die Balustraden in üppig barocker Pracht. Ein Maler auf Motivsuche (rechte Seite) mit Blick zum Wallpavillon mit dem »Hercules Saxonicus« über dem sächsisch-polnischen Wappen.

6 Zwinger – der barocke Traum in Sandstein

Eine Zeitreise von drei Jahrhunderten auf kleinster Fläche

Wer im Zwingerinnenhof steht und dieses wunderschöne Barockensemble von Pöppelmann und Permoser mit den Gemälden von Canaletto vergleicht, ist überzeugt, dass sich hier in den letzten 260 Jahren nicht viel geändert hat. Doch alles war und ist im Wandel: die Gebäude, die Skulpturen, die Brunnen, die Glocken, die Museen, der Sandstein, das Kupfer, die Menschen.

Der Zwinger ist im Festungsbau der Raum zwischen äußerer und innerer Wehrmauer. In Dresden steht dieser militärische Begriff für prächtige Festkultur. August der Starke wünschte sich 1709 zunächst in der Nähe der ehemaligen Festungsmauern einen überdachten Platz zum Überwintern seiner frostempfindlichen Pflanzen. Er brachte seine Terrassenpläne für die damals goldwerten Orangen mit einer Federzeichnung gleich selbst aufs Papier, und die Staatsschatulle gab den Bau einer Orangerie her. Bis 1880 standen die Bäumchen im Zwingerinnenhof. Die letzten Exemplare wurden nach Pillnitz gebracht, wo sich noch sechs bester Gesundheit erfreuen, darunter ein 300 Jahre altes Prachtstück. Den Umzug begründete Gartendirektor Friedrich Krause 1885 so: »Der Zwinger ist der besuchteste Kinderspielplatz der Stadt. Von Groß und Klein wird Unfug getrieben (ganz unerhörter). Äste und Wurzeln werden abgebrochen. Nach den Früchten wird mit Steinen geworfen. Die Stämme erleiden durch Heraufklettern oder beim Spielen, durch Hämmern und Kratzen die empfindlichsten Beschädigungen. Die Kübel und die Oberflächen der Wurzelballen werden verunreinigt, auf letzteren herumgewühlt und oft mit nicht hingehörenden Flüssigkeiten begossen«. Hoffentlich ist das Benehmen 140 Jahre später besser, denn neue Orangen sind in Planung.

Ein Festsaal im Freien

Das mit der Orangerie und einer hölzernen Kulisse für Turniere und Spiele hatte gut geklappt. Es entstanden neue Ideen für einen Festplatz in Stein. Der Sohn Augusts des Starken, Kurprinz Friedrich August von Sachsen (1696–1763), wollte, durfte, musste die österreichische Erzherzogin Maria Josepha von Habsburg (1699–1757) heiraten. Wenn ein Provinzprinz aus Dresden eine Kaisertochter aus Wien abbekommt, muss das richtige Ambiente her. Vor 300 Jahren wurde fleißig geplant und gebaut. Die Vermählung fand 1719 in Wien statt. Die anschließenden Festlichkeiten für das prinzliche

Einladende Abendstimmung im Zwingerhof (oben). Der bekannteste Zugang in den Zwinger ist das »Kronentor« (unten) mit den zu beiden Seiten anschließenden Langgalerien. Auf der Torspitze tragen vier polnische Adler die Nachbildung der polnischen Königskrone. Besucher (rechts) genießen den Blick von den Galeriegebäuden.

Paar in Dresden zogen sich einen Monat hin. Zwinger und Schloss, Großer Garten und Pillnitz waren Schauplätze für rauschende Feste.

Die kreativen Köpfe dieser Zeit waren der Architekt Matthäus Daniel Pöppelmann (1662–1736) und der Bildhauer Balthasar Permoser (1651–1732), Zugereiste aus dem westfälischen Herford bzw. dem oberbayerischen Traunstein, denen Dresden sehr viel zu verdanken hat. Mit ihren fleißigen Helfern erschufen sie die barocke Stadt. Ihr Hauptwerk, der Zwinger, schufen sie unter Einbindung verschiedener europäischer Baustilelemente als eine Poesie in Elbsandstein, eine Verschmelzung von Architektur, Plastik und Wasserkunst.

August der Starke wünschte sich eigentlich den Zwinger bis zur Elbe als Vorhof einer neuen Schlossanlage am Fluss. Verschiedene Architekten legten großartige Pläne dafür vor, die nie ausgeführt wurden. Die Finanzen fehlten, sogar die für einen vierten Flügel in Richtung Elbe. Erst rund 120 Jahre später war wieder Geld da. Gottfried Semper (1803–1879) bekam 1847 den Auftrag für das Galeriegebäude im Stil der Neorenaissance, das Karl Moritz Haenel (1809–1880) nach Sempers Flucht bis 1855 fertigstellte.

Es ist immer etwas zu tun

An der richtigen Pflege für das Neugebaute mangelte es zeitweise. Der Sandstein verwitterte oder setzte seine schwarze Patina an. Mit verschiedenen Farbanstrichen, teils mit atmungsverhinderndem Öl, steuerte man unprofessionell dagegen. Kriege und Aufstände taten ein Übriges. In den 1920er-Jahren wurde die Zwingerbauhütte gegründet, in der

erfahrene Restauratoren und Steinmetze wirken. Sie richten heute ihr Hauptaugenmerk auf die Konservierung und farbliche Aufhellung des Figurenschmucks. Putten und Vasen nehmen ein Schönheitsbad. Verschlissenes wird mit Spezialmörtel ausgebessert. Eine luftdurchlässige Silikonharzlasur wird als dünne Schutzhülle aufgetragen. Schwarze Schönheiten verwandeln sich in sandsteinhelle. In einigen Jahren wird man wissen, ob diese Ideen aus dem Steinlabor zukunftstauglich sind.

1170 Meter Balustraden, Brunnen und Nischen sind Heimat für 698 Skulpturen, die den Zwinger einmalig machen. In geschützten Bereichen, wie den Wandbrunnen links und rechts vom Kronentor, stehen mehr als 20 Permoser-Originale. Im Winter erhält der feinporige Sandstein ein Spezialmäntelchen als Schutz vor Frost-Tau-Wetter. Bevor das weiche Material verwittert und die Skulpturen gesichtslos werden, entstehen Kopien. Steinbildhauer zaubern mit Meißel und Fäustel, wie ihre Vorgänger vor Jahrhunderten, neue Steinschönheiten.

Anfänglich wurde im Zwinger nur gefeiert. Dann entstand die Idee, die lichtdurchfluteten Pavillons und Galerien noch sinnvoller zu nutzen. Die sächsischen Herrscher waren begeisterte Sammler. Die Breite und Vielfalt dieser Leidenschaft wollten sie auch anderen präsentieren. Als Erstes zog 1728 das Königliche Cabinet der mathematischen und physikalischen Instrumente in den Zwinger. Gerade ist der Mathematisch-Physikalische Salon, wie er seit 1746 heißt, in neuer Schönheit in das Ensemble der öffentlichen Kostbarkeiten zurückgekehrt.

Ein Porzellanschloss der besonderen Art

Die Porzellansammlung rund um den Glockenspielpavillon zeigt die hochwertigste und umfangreichste keramische Spezialsammlung der Welt aus 20 000 Einzelstücken. August der Starke hatte eine besondere Leidenschaft für kostbares wie zerbrechliches Material, die *maladie de porcelaine*, die Porzellan-Krankheit. Chinesische und japanische Porzellane verschiedener Perioden wurden kostspielig über die holländische Ostindische Companie auf dem Seeweg nach Europa importiert, kamen stoßsicher in Butter eingelegt über die Leipziger Messe an den sächsischen Hof. Ein Porzellanschloss, das Japanische Palais, wurde geplant, aber nie verwirklicht. Die heutige Anordnung in Wandarrangements folgt diesen Plänen. Drachen und Ungeheuer auf ostasiatischen Ausstellungsstücken lassen keine Angst, sondern Freude vor dieser perfekten Kunst aufkommen. Man staunt auch über Frevel: Chinesische Fischbassins wurden in Dresden durchbohrt und als Pflanzkübel für Orangenbäumchen genutzt.
Dann kam Johann Friedrich Böttger (1682–1719) und behauptete, er könne

Der Blick über den Zwingerhof bis zum Schloss (links) lassen die Größe und Schönheit dieses »Festsaales im Freien« nur erahnen. Opulentes Wand-Arrangement in der Porzellansammlung (oben), das dem Japanischen Palais nachempfunden ist. Dekorative ostasiatische Teller (Mitte) und Frauen mit Fächer aus dem späten 17. Jahrhundert (unten).

Sehenswerte Zwingerdetails: Glockenspielpavillon (oben), Fontäne im Zwingerhof (Mitte), Blick durchs Galeriegebäude zum König-Johann-Denkmal auf dem Theaterplatz (unten). Aufgang in der Gemäldegalerie »Alte Meister« (rechts) und die prachtvolle Sammlung (rechte Seite unten). Der »Mathematisch-Physikalische Salon« erstrahlt neu (rechte Seite oben).

Gold machen. Das gefiel dem Hof, alle Wünsche schienen erfüllbar. Die schweißtreibende Arbeit begann. Zunächst entstand rotbraunes Böttgersteinzeug, das noch 130-mal zu sehen ist. Er experimentierte weiter, und nach langem Kampf kam das »weiße Gold«, das Porzellan, heraus. Gemeinsam mit Ehrenfried Walther von Tschirnhaus (1651 bis 1708) gelang die Herstellung aus einheimischen Rohstoffen. 1708 brachte Böttger die Rezeptur zu Papier, und 1710 begann die Manufaktur in Meißen mit der Produktion. Anfangs wurden vorwiegend ostasiatische Gefäße und Figuren kopiert. Aber schnell entwickelten Künstler einen eigenen, am europäischen Barock orientierten Stil, wie die besonders ausdrucksstarken Großfiguren von Johann Joachim Kaendler (1706–1775) zeigen. Höchsten Unterhaltungswert hat die Tiermenagerie: Pfauen, die Rad schlagen, Ziegen, die ein Zicklein säugen, raufende Hunde, Elefanten und Nashörner. Das größte Porzellandenkmal der Welt war angedacht: König August III. hoch zu Ross. Schon das Modell ist pompös.

Woher kam das Geld dafür? Eine Antwort findet sich in der Porzellansammlung selbst: die Dragonervasen. Der preußische König Friedrich Wilhelm I. besaß diese asiatischen Schönheiten. August der Starke wollte sie unbedingt. Man handelte um gut ausgebildete sächsische Soldaten, einigte sich auf vier zu eins. 600 mussten nach Preußen gehen, bildeten ein Dragonerregiment, und 151 dieser chinesischen Deckelvasen kamen nach Sachsen. Menschenhandel mit ungewissem Ausgang, denn ob sie zu ihren Familien in ihre Heimat zurückgekehrt sind, ist nicht nachweisbar.

Eine Reise durch Europas Malerei

Über 500 Jahre jung und gefragter denn je: Raffaels »Sixtinische Madonna« und ihre liebenswerten Engel sind die Hauptattraktion unter rund 400 hochkarätigen Kunstwerken in der Gemäldegalerie Alte Meister. Längerfristige Umbauarbeiten führten zu einer neuen Hängung. Die Gemälde sind nicht mehr nach Schulen, sondern thematisch angeordnet. Die Madonna empfängt jetzt im Gobelinsaal. Wer Glück hat, kann sie ohne Eintrittskarte erblicken, wenn zur gleichen Zeit die Saaltür und die schwere Außentür geöffnet werden. Dresden-Liebhaber zieht es in die dritte Etage: Dort zeigen vier großzügige Stadtansichten vom Venezianer Bernardo Bellotto, darunter der berühmte, frisch restaurierte »Canaletto-Blick«, Details, als wäre die Fotografie schon erfunden.

Die Sammlung hochkarätiger italienischer, holländischer, flämischer, spanischer, französischer und deutscher Meisterwerke wurde durch gezielte Ankäufe in halb Europa zusammengetragen. Die

1722 gegründete Gemäldegalerie punktet mit Namen wie Giorgione, Tizian, Rembrandt, Vermeer, Rubens, Van Dyck, Ribera, Murillo, Dürer, Cranach und Holbein.

Einfach abschalten geht nicht

Zum Ausspannen eignen sich der weite Zwingerhof mit seinen vier Brunnen oder ein Rundgang auf den Galeriebauten. Die Blicke schweifen, bleiben an reich gegliederten Fassaden mit lebensfrohen Nymphen und Putten, mit römischen Göttern und Göttinnen, mit Vasen, Fruchtkörben und Weinranken hängen. Das heutige Fotomotiv Kronentor verkündete seit 1714 weithin sichtbar mit der polnischen Königskrone, getragen von vier polnischen Adlern, dass der Landesherr nicht nur Kurfürst, sondern auch König von europäischem Rang war. Über dem Giebelaufsatz des Wallpavillons ein Hercules Saxonicus, der stellvertretend für August den Starken die Weltkugel trägt. Es ist die einzige Skulptur, die Permoser signiert hat. Ganz versteckt liegt das Nymphenbad, ein barockes Wasserkunstwerk mit fast intimer Atmosphäre zwischen Nymphen, die zum Bade gehen oder von dort kommen.
War da nicht ein heller Klang zu hören? 40 Glocken aus Meißner Porzellan lassen alle 15 Minuten kurz innehalten. Emil Paul Börner (1888–1970) schuf das Glockenspiel 1930. Heute zaubern die Stößel computergesteuert Porzellantöne. Zu festgelegten Zeiten gibt es bekannte Melodien, wie um 10.15 Uhr die jeweils zur Saison passende Melodie aus den »Vier Jahreszeiten« von Vivaldi und im Sommer zum Tagesabschluss um 22.15 Uhr »Kein schöner Land«.

TECHNISCHE WUNDERKAMMER

Die jahrhundertealte Sammlung des Mathematisch-Physikalischen Salons präsentiert sich zukunftsorientiert in einzigartiger Vielfalt: Erd- und Himmelsgloben, historische Uhren und Automaten, hochglanzpolierte Brennspiegel, Teleskope, mechanische Wunderwerke sowie Instrumente zum Rechnen und Zeichnen sowie zum Bestimmen von Länge, Masse, Temperatur und Luftdruck. Alles in dieser Wunderkammer half beim wissenschaftlichen Erkennen der Welt. Gesammelt wurde das technisch Neueste in optischer Vollendung, heute vielleicht ein iPad mit Brillanten besetzt.
Die Neupräsentation zeigt die Objekte nah und gut ausgeleuchtet, selbst kleinste Gravuren bleiben kein Geheimnis. Manches steht auf spiegelnden Tellern, um Unterseite und Innenleben zu entschlüsseln. Medienstationen und Animationen geben Einblick in die Funktion ausgewählter Gegenstände. Das sächsische Herrscherhaus kaufte europaweit an. Gleichzeitig entwickelten begabte Handwerker eigene sächsische Lösungen auf hohem Niveau.

WEITERE INFORMATIONEN

Mathematisch-Physikalischer Salon, Porzellansammlung, Gemäldegalerie Alte Meister: Zwinger, Theaterplatz, 01067 Dresden, Tel. 0351 49142000, www.skd.museum

Eine Besonderheit ist das Portal mit der tiefen halbrunden Exedra (oben), wunderbar gestaltet mit Gemälden und Mosaiken. Im Mittelpunkt agieren drei Grazien, darunter wird an König Albert erinnert. Das festlich erleuchtete Seitenfoyer (rechte Seite) mit Säulen aus verkleidetem Kunstmarmor, originalen Lünetten und Balustraden aus Serpentin.

7 Semperoper – aller guten Dinge sind drei

Magie einzigartiger Architektur und perfekter Akustik

Fernsehwerbung brennt sich ins Gedächtnis ein. Das ist so gewollt, und doch ist es verblüffend, wie oft beim Anblick der Semperoper die Vermutung geäußert wird, dass dies die Brauerei von Radeberger sei. Das markante Gebäude am Theaterplatz ist aber definitiv ein Opernhaus. Die Brauerei befindet sich rund 15 Kilometer entfernt. Natürlich liefert sie den beliebten Gerstensaft auch hierhin.

Der Schock saß tief bei den Dresdnern, als am 21. September 1869 ihr Königliches Hoftheater bis auf die Grundmauern abbrannte. Der Frührenaissance-Rundbau Gottfried Sempers, der den kulturellen Ruf Sachsens auf neue Art in die Welt getragen hatte, war nur 28 Jahre alt geworden. Hier begann Richard Wagners (1813–1883) Weg. Zwischen 1842 und 1845 wurden »Rienzi«, »Der fliegende Holländer« und »Tannhäuser« im Dresdner Hoftheater uraufgeführt.
Der kulturbegeistere König Johann von Sachsen (1801–1873) ordnete den Bau eines Interimstheaters an. Die spöttelnden Dresdner bezeichneten die Notlösung passend als Bretterbude. Kurz nach der Brandkatastrophe erhielt Gottfried Semper den Auftrag für ein weiteres Hoftheater. Mit neuen Ideen für außen und innen entwarf er es. Aber er tat dies in der Ferne. Der königliche Hofbaumeister hatte seine Baukünste vor geraumer Zeit genutzt, um Barrikaden zu errichten und im Maiaufstand 1849 gemeinsam mit Richard Wagner gegen König Friedrich August II. zu kämpfen. Beide wurden steckbrieflich gesucht und mussten deshalb aus Sachsen fliehen.

Das Semper-Duo

Gottfried Semper beglückte aus diesem Grund Zürich mit dem Polytechnikum, Wien mit dem Burgtheater und beauftragte seinen ältesten Sohn Manfred mit der Leitung der Arbeiten in Dresden. Damals gab es noch keine Handys und keine E-Mails. Vater und Sohn schrieben sich Tausende Briefe, damit der Sohn wusste, was der Vater dachte: Theater ist Illusion – nicht nur auf der Bühne, sondern auch am Gebäude. Die vermeintliche Eichenholztäfelung im Foyer ist bemalter Gips. Je höher, desto prunkvoller war das Haus ausgestattet. Am 2. Februar 1878 wurde das zweite Hoftheater feierlich eröffnet. Nun verfügte Dresden wieder über eines der modernsten und schönsten Theaterhäuser der Welt. Das beginnende 20. Jahrhundert war besonders mit dem Namen Richard Strauss

I. RANG

Die Eingangsfront wird bekrönt von der bronzenen Panther-Quadriga (oben) mit Dionysos und Ariadne. Festliche Atmosphäre im Foyer (Mitte) und im prachtvollen Zuschauersaal (unten). Den Schmuckvorhang (rechts unten) bewundern jeden Abend die erwartungsvollen Zuschauer. Stadtführung auf dem abendlichen Theaterplatz (rechte Seite oben).

(1864–1949) verbunden. Neun seiner 15 Opern wurden hier uraufgeführt, unter den weitsichtigen Generalmusikdirektoren Ernst von Schuch, Fritz Busch und Karl Böhm. Am 31. August 1944 hob sich zum letzten Mal der Vorhang. Ein halbes Jahr später wurde die Oper durch die Luftangriffe der Alliierten zerstört. Bis 1977 waren die Überreste gut durchlüftet, und es regnete hinein.

Auferstanden aus Ruinen

Der siebenjährige Wiederaufbau nach Originalplänen fand mit der feierlichen Eröffnung genau 40 Jahre nach der Zerstörung, am 13. Februar 1985, seinen Abschluss. Auf dem Programm stand wie am letzten Abend »Der Freischütz« von Carl Maria von Weber (1786–1826). Seitdem erstrahlt das nunmehr dritte Haus wieder im Semperschen Glanz. Chefarchitekt Wolfgang Hänsch hatte ein sehr engagiertes Kollektiv zur Verfügung, was in DDR-Deutsch hieß: 247 Betriebe, 55 freischaffende Maler und Restauratoren sowie 24 Bildhauer waren erfolgreich beteiligt.

Die reich geschmückte Fassade wird von großen Rundbogenfenstern und Säulen dominiert. Die bronzene Panther-Quadriga mit Dionysos und Ariadne von Johannes Schilling bekrönt das Hauptportal. Die prachtvolle Innenausstattung schafft einen repräsentativen Rahmen. Bilder, Ornamente, Skulpturen und Leuchter in Aufgängen, Foyers und Vestibüls beeindrucken durch Opulenz und Detailreichtum. Der Zuschauerraum strahlt in lichtem Meergrün mit Weiß und Gold festliche Stimmung aus. Besonders imposant ist der riesige, 1,9 Tonnen schwere Kronleuchter mit 258 Brennstellen. Oben sind auch zwei kleine stuckgesäumte Fenster zu entdecken. Hier tickt die Zeit im Fünf-Minuten-Takt ähnlich einer Digitaluhr. Die Stunden werden mit römischen, die Minuten mit arabischen Ziffern angezeigt. Die wichtigste Nebensache im Bühnengeschehen hat ein hochkompliziertes Räderwerk im Hintergrund, konstruiert vom Meißner Turmuhrbauer Klaus Ferner. Muschelornamente an den Rängen sind nicht nur Schmuck, sondern dienen der Schallverteilung für die ausgesprochen gute Akustik. Zum Test wurden kurz vor Eröffnung Soldaten zum Musikhören verpflichtet, manche freuten sich über diese willkommene Abwechslung, andere schliefen in den gemütlichen roten Sesseln einfach ein.

Ein besonders eindrucksvolles Element ist der Schmuckvorhang. Diese zwölf mal 17 Meter exquisite Leinwand wiegt 400 Kilogramm. In der Mitte thront eine geflügelte Frauengestalt, die Allegorie der Fantasie. Um sie herum sind Porträts großer Komponisten wie Mozart, Beethoven und Wagner sowie begnadeter Dichter wie Shakespeare, Schiller und Goethe platziert. Der Vorhang wurde neu geschaffen und im Jahr 1984 mit einem prozessionsartigen Zug vom Palais im Großen Garten durch die Innenstadt zur Oper gebracht. Hinter dem Vorhang war beim Neubau alles anders als bei Semper. Moderne Bühnentechnik ermöglicht einen zeitgemäßen Opernbetrieb. Ein neues Funktionsgebäude wurde zusätzlich angefügt.

Dank der Sächsischen Staatskapelle, des Ensembles und des Balletts ist die Semperoper ein Publikumsmagnet weit über Deutschland hinaus. Bühnenbildner, Maßschneider, Maskenbildner und viele

fleißige Mitarbeiter machen die Sache rund. Auch wenn durchschnittlich über 90 Prozent aller Plätze besetzt sind, die spontane Kartennachfrage lohnt fast immer. Die Vorverkaufskasse hat ihr Domizil wenige Meter entfernt in der Schinkelwache. Auch Führungen können dort gebucht werden.

Schauen und tanzen

Zu unterschiedlichen Zeiten geht es für 50 Minuten in überschaubaren Gruppen durch das prachtvolle Haus. Besonders beliebt ist Thematisches, wie Schatzsuche für Kinder oder Nachtführungen. In den reich verzierten Räumlichkeiten wird man verzaubert, kommt aus dem ehrfürchtigen Staunen gar nicht heraus. Hier ein Blick durch die großen Fenster auf den Theaterplatz, dort die Erkenntnis, dass die Illusion wirklich perfekt ist, da die Erklärung zu Stuckmarmor oder Stucco lustro.

Alljährlich an einem Freitagabend Anfang Februar verwandeln sich Oper und Theaterplatz in einen überdimensionierten Ballsaal mit wechselnden Wandfarben und spektakulärem Feuerwerk. 2200 Gäste im Haus und 10000 auf dem Platz feiern gemeinsam mit einem Millionenpublikum vor den Bildschirmen den SemperOpernball. Debütantenpaare haben ihren ersten großen Auftritt mit einer zehnminütigen Tanz-Choreografie, die besten Opernstars und international bekannte Popmusiker geben den Rhythmus für die schönste Winternacht des Jahres vor, eine einzigartige Idee. Da staunt sogar König Johann auf seinem hohen Sockel, wenn er für einige Stunden von Tanzwütigen umgarnt und daran gehindert wird, sich seiner Lieblingsbeschäftigung hinzugeben: der »Göttlichen Komödie« von Dante. Carl Maria von Weber hingegen ist traurig, weil er zu weit abseits steht, um mittanzen zu können.

NACH DER MUSIK VERZAUBERT DAS LICHT

Den abendlichen Weg von einer faszinierenden Aufführung in der Semperoper über den Theaterplatz begleitet eine besondere Stimmung. Historische drei- und fünfarmige Kandelaber schaffen mit ihrem warmweißen Licht eine spezielle Atmosphäre. Obwohl heute LED-Leuchten verwendet werden, lebt der Charakter der ehemaligen Gasbeleuchtung weiter.

In Dresden war man der neuesten Technik stets aufgeschlossen. 1828 führt Rudolf Sigismund Blochmann die Gasbeleuchtung ein, genau am 27. April erstrahlten die ersten 36 Laternen am Schloss. Das Licht ohne Docht war damals eine Sensation, und das erste Gaswerk stand nur wenige Meter vom Theaterplatz entfernt. An den deutschen Gas-Vater erinnert an dem Kandelaber, der vor der Schinkelwache steht, folgende unscheinbare Inschrift: »Rudolf Sigismund Blochmann 1784–1871 Begründer der deutschen Gasbeleuchtungsindustrie«. Heute sind 1400, also rund vier Prozent der Straßenlampen der Stadt, noch Gaslaternen. Wer sie finden will, hat die besten Chancen in Blasewitz.

WEITERE INFORMATIONEN

Semperoper: Theaterplatz 2, 01067 Dresden, Tel. 0351 491 1705, www.semperoper.de, www.semperopernball.de

Die Silbermann-Orgel (oben) auf der Empore gegenüber dem Hochaltar ist ein wahrer Schatz, denn sie ist die einzige des großen Instrumentenbaumeisters, die in Dresdner Kirchen überlebte. Der filigrane Turm (rechts) gibt der Katholischen Hofkirche Eleganz und Anmut, die dem italienischen Erbauer Gaetano Chiaveri zur Ehre gereichen.

8 Katholische Hofkirche – Kathedrale des Bistums Dresden-Meißen

Italienische Eleganz für die Allerheiligste Dreifaltigkeit

Die Katholische Hofkirche und Dresden gehören zusammen. Der hoch aufragende grazile Turm verbindet die Fluss- mit der Stadtlandschaft. Seit über 250 Jahren feiern Christen die Messe in der Hof- und Pfarrkirche, die 1980 zur Kathedrale erhoben wurde. Dabei fing alles äußerst geheim an. Die Grundsteinlegung »für einen gewissen Bau nahe der Elbe« fand am 28. Juli 1739 gegen fünf Uhr in der Frühe statt.

Zum Öffnen der hohen Holztür am Eingang A der Kathedrale Ss. Trinitatis braucht man Kraft. Wenn man sie wieder geschlossen hat, bleiben die städtisch-touristischen Geräusche draußen, es wird feierlich still. Wenn es gerade Mittwoch oder Samstag um 11.30 Uhr ist, dann sollte man sich 30 Minuten Zeit für einen Ohrenschmaus gönnen: die Orgelmusik am Mittag.

Alles tanzt nach Gottfrieds Pfeife

Die Silbermann-Orgel auf der Empore gegenüber dem Hochaltar ist ein besonderer Schatz. Sie ist die letzte, die der berühmte sächsische Orgelbauer Gottfried Silbermann (1683–1753) schuf, und die Einzige in Dresden, die noch erhalten ist – die Orgeln in der Frauen- und in der Sophienkirche gingen 1945 unwiederbringlich verloren. Doch die Hofkirchen-Orgel hatte man 1944 ins 50 Kilometer entfernte Kloster St. Marienstern ausgelagert. Das Gehäuse mit dem kunstvollen Barockprospekt verbrannte und wurde nach Fotografien neu errichtet.

Die Orgel mit rund 3000 Pfeifen wurde am 2. Februar 1755 geweiht. Bestellt wurde sie für 20000 Taler, das Vierfache des damals Üblichen. Gezahlt wurde aber nur die Hälfte. Im Vertrag war festgelegt, dass man die größte Pfeife mit Wein füllen und an die Erbauer ausschenken sollte, »so sie gut klinge«. Silbermann hat das nicht mehr erlebt. Er war zwei Jahre zuvor in Dresden gestorben, und sein Schüler Zacharias Hildebrand führte die Arbeit zu Ende. Der kurfürstlich-sächsische und königlich-polnische Land- und Hoforgelbaumeister Silbermann, ein Zeitgenosse von Johann Sebastian Bach, hat das Handwerkliche mit sehr viel Gespür für das Klangliche verbunden. Er baute insgesamt 46 Orgeln, von denen 32 noch heute erklingen, im Freiberger Dom oder in der Dorfkirche Nassau.

2002 stellten Orgelbauer den originalen Stimmton von 415 Hertz wieder her. Mit diesem Klang steht das Instrument in der ersten Reihe berühmter Barockorgeln. Hören kann man das beispielsweise im

Ein Kleinkunstwerk: die Vielfalt der Permoser-Kanzel (oben) und die liebevollen Details (unten). Auch der Hochaltar mit dem Mengs-Gemälde (rechts) zieht die Blicke auf sich. Die Heiligenfiguren von Mattielli (rechte Seite unten) geben den Balustraden Lebendigkeit. Der Übergang Kirche–Schloss (rechte Seite oben) war dem Herrscherhaus vorbehalten.

Rahmen des »Dresdner Orgelzyklus«, einer Reihe von Konzerten der drei großen Innenstadtkirchen, die von Februar bis Anfang Dezember immer mittwochs um 20 Uhr stattfinden.
Hofkirchenmusik ist lebendige Tradition. Schon seit 1709 gibt es die Kapellknaben. Die rund 100 Sänger zwischen acht und 19 Jahren gestalten die Gottesdienste an Sonn- und Feiertagen und geben weltweit Konzerte.

Gebaut wurde nach Gaetanos Ideen

Am Turm der Katholischen Hofkirche steht in Latein: »D(EO) O(PTIMO) M(AXIMO) / SAC(RAM) HANC AEDEM / AUGUSTUS III / CONDIDIT / A(NNO) MDCCLIV« – »Für Gott, den Größten, Besten, hat diese heilige Kirche August III. gegründet im Jahre 1754«. Aber schon 57 Jahre davor lag die eigentliche Ursache für den Bau.
1697 konvertierte Kurfürst Friedrich August I. in Baden bei Wien zum römisch-katholischen Glauben, um König in der Wahlmonarchie Polen werden zu können, was ihm gelang. Das Volk in Sachsen blieb zwar evangelisch, aber langsam erwachte in der sächsischen Residenz wieder katholisches Leben. Was in Dresden seit der Reformation fehlte, war eine repräsentative katholische Kirche. Diese wurde von Friedrich August II. und seiner Gemahlin Maria Josepha in Auftrag gegeben und ist mit 4800 Quadratmetern Grundfläche heute die größte Kirche Sachsens. Von Beginn an war sie nicht nur für das Fürstenhaus bestimmt, sondern auch Pfarrkirche für die über weite Teile Sachsens verstreut lebenden Katholiken. Um das Bauvorhaben am Anfang geheim halten zu können, wurde der

Auftrag an den Römer Gaetano Chiaveri (1689–1770) vergeben. Er errichtete sie von 1739 bis 1755 im Stil des römischen Spätbarock.
Chiaveri brachte gleich seine italienischen Gastarbeiter mit, die neben der Baustelle ein kleines Dorf aus 32 eingeschossigen Gebäuden errichteten, wo sie nach dem Prinzip der Dombauhütten lebten und arbeiteten. Nach Fertigstellung der Kirche wurde das Dorf vornehmlich von Hofbediensteten bewohnt. Auch Carl Maria von Weber fand hier seine erste Dresdner Wohnung. Als Gottfried Semper rund 100 Jahre später sein erstes Hoftheater baute, wurden diese Häuser abgerissen. Heute ist dort der Theaterplatz. Aber seit reichlich 100 Jahren erinnert eine Gaststätte an der Elbe an die Erbauer der katholischen Hofkirche: das »Italienische Dörfchen«.

Der Hingucker: Lorenzos Skulpturen

Das Äußere prägte der italienische Bildhauer Lorenzo Mattielli (1687–1748) mit großer Lebendigkeit und Vielfalt. Er schuf die meisten der 74 überlebensgroßen Heiligenstatuen und die vier allegorischen Figuren Glaube, Hoffnung, Liebe und Gerechtigkeit für Turm, Fassaden und zwei Balustraden. Vollendet wurde dieses gewaltige Werk von seinem Sohn Francesco. Neben Aposteln und Kirchenvätern sind Frauen und Männer dargestellt, die als Schutzpatrone im wettinischen Herrscherhaus verehrt wurden.
Die Kirche gliedert sich in ein Hauptschiff, zwei Seitenschiffe, vier Eckkapellen und einen unüblichen Prozessionsgang. Im protestantischen Sachsen war katholische Religionsausübung im Freien nicht gestattet, sondern wurde ins Gebäude integriert. Bis auf die Eckkapellen ist das Kircheninnere für ein katholisches Gotteshaus sehr schlicht gehalten, was maßgeblich auf die Finanznot durch den Siebenjährigen Krieg zurückzuführen ist. Der Künstler Yadegar Asisi zeigt im »Panometer Dresden« ein Bild mit einer Variante der nie fertiggestellten Innenausstattung.
Heute wird die schlichte Schönheit des Kirchenraums besonders unterstrichen durch das Spiel von Licht und Schatten. Bedeutende Ausstattungsgegenstände sind der Hochaltar aus regionalem Marmor und vergoldeten Bronzeornamenten. Das Altarbild zeigt den zum himmlischen Vater heimkehrenden Christus. Der Dresdner Hofmaler Anton Raphael Mengs (1728–1779) hatte in Rom und Madrid daran gearbeitet. Als es 1765 auf dem Seeweg nach Dresden kam, wurde es begeistert aufgenommen. Die Kanzel ist ein Werk des großen Barockbildhauers Balthasar Permoser. In der Gedächtniskapelle erinnern seit 1976 Altar und Pietà sehr eindrucksvoll an die Zerstörung und die Opfer des 13. Februar 1945. Es ist ein Werk des Dresdner Bildhauers Friedrich Press (1904–1990) aus Meißner Porzellan. Über Nacht war die Kirchengemeinde mit rund 10 000 Gemeindegliedern auf 300 geschmolzen. Erst mit dem Wiederaufbau des Stadtzentrums wuchs sie allmählich und zählt heute rund 1500 Mitglieder.
Die ehemalige Hofkirche ist über eine Hochbrücke mit dem Residenzschloss verbunden. Das Herrscherpaar konnte trockenen Fußes von seinen Privatgemächern auf die Empore der Kirche gelangen. Der darunterliegende Weg heißt seit 2007 Chiaverigasse. Wer die fünf Glocken nicht nur hören, sondern auch sehen will, sollte von der Brühlschen Terrasse auf den Turm schauen, wo sie während des Läutens gut zu erkennen sind.

SÄRGE UND EINE SILBERNE KAPSEL

Die Stifter wurden unter ihrer Kirche bestattet. In vier Räumen sind insgesamt 47 Mitglieder des kurfürstlichen, später königlichen Hauses Wettin, die mit ihnen durch Heirat verbundenen Mitglieder europäischer Herrscherhäuser und ihre Kinder beigesetzt. In der Bischofsgruft werden die Bischöfe des Bistums Dresden-Meißen bestattet. Der Besuch der Grufträume ist nur im Rahmen offizieller Kirchenführungen möglich.
Als August der Starke 1733 starb, fand er als polnischer König seine letzte Ruhestätte auf dem Wawel in Krakau. Mit Dresden bleibt er verbunden, denn sein Herz liegt hier fest verschlossen in einer silbernen Kapsel, die innen vergoldet ist. Ins Reich der Legenden gehört die Geschichte, dass das Herz in der kleinen Schatulle zu schlagen beginnt, wenn eine schöne Frau an der Kirche vorbeiläuft. Der Geschichtsexperte Christoph Pötzsch plaudert bei seinen hoch begehrten Mitternachtsführungen über aufregende Details. Wirklich Ruhe ist im Reich der adligen Toten nie eingekehrt. Beim Augusthochwasser 2002 kamen auch sie ins Schwimmen.

WEITERE INFORMATIONEN

Kathedrale Ss. Trinitas: Schlossstraße 24, 01067 Dresden, Tel. 0351 4844712, www.kathedrale-dresden.de

Die Göttin Fama (oben) erhebt sich strahlend und leicht auf der »Zitronenpresse«, einer gefalteten Glaskuppel über dem Oktogon der Hochschule für Bildende Künste. Beim Übergang vom Tag in die Nacht bietet sich dieser traumhafte Blick auf die Brühlsche Terrasse (rechts) mit den zwei bekanntesten Kuppeln der Stadt über der Kunstakademie.

9 Brühlsche Terrasse – der Balkon Europas

Boulevard hoch über der Elbe zum Sehen und Gesehenwerden

Sogar zur Abschreckung errichtete Mauern können Lieblingsobjekt werden, wenn die richtigen Leute die Hand im Spiel haben. Einst trennte eine Festungsanlage die Stadt vom Umland. In der Barockzeit verband Heinrich Graf von Brühl durch seine »Brühlschen Herrlichkeiten« die Residenz mit der Landschaft. Heute bietet die Brühlsche Terrasse grandiose Ausblicke, monumentale Bauten und interessante Skulpturen.

Nur 41 Stufen trennen den Schlossplatz von der Flanierpromenade, die seit 200 Jahren für alle zugänglich ist. Zu verdanken ist das dem russischen Fürst Repnin-Wolkonski (1778–1845), der nach der Völkerschlacht sächsischer Generalgouverneur war und die Öffnung fürs Volk befahl. Ein weiterer Dank gilt dem Hofbaumeister Gottlob Friedrich Thormeyer (1775–1842) für seine Pläne zum Bau der 14 Meter breiten Freitreppe. Dritter im Bunde ist der Bildhauer Johannes Schilling (1828–1910), der 1868 die »Vier Tageszeiten« schuf. Die Figurengruppen für Morgen, Mittag, Abend und Nacht sind wunderschön und symbolisieren, dass die Brühlsche Terrasse rund um die Uhr geöffnet ist. Die jeweils zwei weiblichen und männlichen Hauptfiguren sowie die begleitenden Kinder sind nicht nur schmückende Bronzen beim Treppenaufstieg, sie erzählen kleine Tageszeitgeschichten von Erwachen und Morgentau, von Streben und Arbeit, von Musik und Tanz, von Schlaf und Traum. In der guten alten Zeit war auch nicht alles wohlgeordnet: Wir durchschreiten zunächst Abend und Nacht und kommen oben bei Morgen und Mittag an.

Wo sind die Herrlichkeiten?

Wir werfen einen Blick zurück auf die katholische Hofkirche, die von Residenzschloss und Semperoper eingerahmt wird. Danach gehen viele Blicke im großen Bogen ins traumhafte Elbtal von der Dresdner Heide bis nach Radebeul. Und wo sind die gepriesenen Herrlichkeiten des kunstsinnigen und einflussreichen Grafen Heinrich von Brühl (1700–1763) in seinem Garten auf dem geschenkten Areal der ehemaligen Festung? Sie sind durch Neues ersetzt.

Wo das Brühlsche Palais mit 13-achsiger Fassade und prächtigem Festsaal stand, erbaute Paul Wallot (1841–1912) im Jahr 1907 das mächtige Sächsische Ständehaus mit einer vergoldeten Saxonia auf dem Turm. Heute beherbergt es das Oberlandesgericht Dresden und das Landesamt für Denkmalpflege. Ein Besuch lohnt, denn plastischer Schmuck aus

LEIPZIG
GRÄFIN COSEL

In der Skulpturensammlung im Albertinum treffen die »Riesen« von Martin Honert (oben) auf den »Denker« von Auguste Rodin (unten). Blick von der Augustusbrücke auf das monumentale Neorenaissance-Ensemble der Kunsthochschule (rechte Seite unten). Das Ziegeltor in der ehemaligen Festung lädt zu unterirdischen Geschichtsstunden ein (rechte Seite oben).

dem Vorgängerbau wurde gerettet, und die Denkmalpflege gestaltet regelmäßig kleine, feine öffentliche Ausstellungen. Die Brühlsche Bibliothek mit 50000 naturwissenschaftlichen und schöngeistigen Bänden musste dem im Stil des Neobarock gehaltenen Sekundogenitur weichen, heute Gastronomie mit besten Freiluftplätzen.

Wo sind die Gemälde?

Hohe Rundbogenfenster waren Erkennungszeichen von Brühls prachtvoller Galerie. Sie beherbergte – nach der kurfürstlichen – die zweitbedeutendste Gemäldesammlung. Nach Brühls Tod erwarb sie Zarin Katharina die Große für die Eremitage in St. Petersburg. Und hier errichtete der Architekt Constantin Lipsius (1832–1894) die Kunstakademie, ein monumentales Neorenaissance-Gebäude mit reichem Bildhauerschmuck. Heute ist hier die Hochschule für Bildende Künste untergebracht, die 250. Geburtstag feiert, weil sie 1764 im Auftrag von Kurfürst Friedrich Christian als »Allgemeine Kunst-Academie der Mahlerey, Bildhauer-Kunst, Kupferstecher- und Baukunst« gegründet wurde. Die großzügigen Ateliers bieten einen traumhaften Ausblick auf den Balkon mit dem touristischen Gewusel. Zur Ausstellung studentischer Werke bietet das Oktogon unter der gefalteten Glaskuppel, der sogenannten Zitronenpresse, hervorragende Bedingungen. Hier und in der benachbarten Kunsthalle blieben Kriegsspuren bei der Innenrenovierung bewusst sichtbar.
Brühls elegantes Veranstaltungshaus Belvedere am Ende der französischen Gartenanlage wurde im Siebenjährigen Krieg völlig zerstört, auch Nachfolgebauten existieren nicht mehr. Heute erinnert die Form der Blumenbepflanzung an das Gebäude und der Delphinbrunnen an die Zeit um 1750.
Abseits der Terrasse stand das Zeughaus, das über Jahrhunderte militärische Aufgaben erfüllte. Gewaltige Gewölbe und toskanische Säulen im Erdgeschoss lassen den prächtigen Renaissancebau erahnen. Ende des 19. Jahrhunderts begann für das alte Magazin ein neues Museumsleben als Albertinum, nach dem regierenden König benannt. Der Neorenaissancebau erlebte nach dem Zweiten Weltkrieg eine weitere interessante Etappe. Kunstsammlungen, die ihre Ausstellungsräume erst wieder erschaffen mussten, präsentierten hier gemeinsam ihre schönsten Stücke: Preziosen des Grünen Gewölbes, Skulpturen, Porzellan, Schätze des Münzkabinetts und der Rüstkammer. Kunstgegenstände, die als Reparationszahlung in der Sowjetunion waren, wurden nach ihrer Rückkehr gezeigt. Nun ist all das wieder an den angestammten Plätzen im Zwinger und Schloss.
Seit 2010 spannt das neue Albertinum eine Brücke der Kunst zwischen Vergangenheit und Zukunft, 450-jährige Geschichte ist mit architektonischem Neuland gepaart. Das kam ziemlich überraschend. Zur Augustflut 2002 mussten binnen Stunden aus den Depots im Untergeschoss einzigartige Gemälde und Skulpturen evakuiert werden. Drei Monate später versteigerten 40 namhafte Künstler ausgewählte Werke, erzielten einen großartigen Erlös von 3,4 Millionen Euro, die Initialzündung für den hochwassersicheren Ausbau. Mit dem spektakulären Konzept des Berliner Büros Staab Architekten wurde ein

raumhaltiges Dach über den offenen Innenhof gezogen. Eine stählerne Fachwerkkonstruktion trägt wie eine Brücke den 60 Meter langen und 2700 Tonnen schweren, zweigeschossigen Neubau mit Restaurierungswerkstätten und Depots. Diese Arche für die Kunst bleibt unsichtbar, obwohl der Besucher im neu gewonnenen Raum mit Café und Buchladen sowie für Konzerte und Theater genau 17 Meter darunter steht.

Was gibt es Neues?

Die Galerie Neue Meister und die Skulpturensammlung laden zu ungewöhnlichen Blickbeziehungen ein. Die Malerei spannt den Bogen von den Romantikern um Caspar David Friedrich bis zu Gerhard Richter, dem gebürtigen Dresdner. Die Skulpturensammlung beginnt mit Werken des französischen Bildhauers Auguste Rodin und führt in die Gegenwart. Die Sammlungsgeschichte geht viel weiter zurück, umfasst hochkarätige Bestände seit der Antike. Ein riesiges gläsernes Schaudepot ermöglicht neue Blicke auf sonst Verborgenes.

Beim Schlendern zurück über die Brühlsche Terrasse trifft man viele Persönlichkeiten, die hier ober- oder unterirdisch wirkten, manche kennen einander, andere sind sich nie begegnet: der Porzellanerfinder Johann Friedrich Böttger, die Maler Caspar David Friedrich und Ludwig Richter, der Architekt Gottfried Semper, der Bildhauer Ernst Rietschel. Man ist versucht, mit ihnen ins Gespräch zu kommen, aber sie sind nicht gesprächig, sind aus Porzellan oder Bronze. Direkt am Abgang zur Münzgasse steht ein besonderes Denkmal, eine leicht verformte Bronzekugel mit herauswachsenden Kristallen, die sich ständig verändernde Welt darstellend. Dies ist ein toller Fotoplatz. Hundertfach am Tag werden Erinnerungen festgehalten.

UNTER DER TERRASSE GEHT ES WEITER ...

... oder besser: Hier begann alles. Die Festung mit ihren Bastionen wurde unter Herzog Moritz bis 1555 als eine der ersten auf deutschem Gebiet errichtet. Graf von Brühl ließ die Gewölbe mit Erde zuschütten. Dadurch sind ein altes Stadttor mit Brücke, Treppen, Wasserstellen und Räume für Wachmannschaften komplett erhalten. Die Bastion hat zwei dreigeschossige Flankenhöfe, die Gewölbe zeigen Nutzungsspuren sowie Hochwassermarken aus 450 Jahren. In den Tonnen gelang J. F. Böttger 1708 die Herstellung des ersten europäischen Hartporzellans aus einheimischen Rohstoffen. Jeden ersten Sonntag im Monat steigt Annemarie Rußwurm, Gattin des Festungskommandanten, die Stufen zu den Kasematten hinunter, um Besucher durch die Gewölbe zu lotsen. Ihr Angetrauter hat viel zu tun. So plaudert sie über Ernstes und Heiteres aus dem Festungsalltag.

WEITERE INFORMATIONEN

Museum Festung Dresden: Georg-Treu-Platz 1, 01067 Dresden, Tel. 0351 438370-320, www.festung-dresden.de
Albertinum: Georg-Treu-Platz, 01067 Dresden, Tel. 0351 49142000, www.skd.museum

Der helle, in sich gedrehte Kubus der Neuen Synagoge (oben) besticht durch seine äußere Schlichtheit, die am Abend (rechte Seite unten) dank der Beleuchtung ein völlig neues Seherlebnis schafft. Der Alte Jüdische Friedhof (rechte Seite oben) auf der Pulsnitzer Straße in der Neustadt bewahrt mehr als 100 Jahre jüdisches Leben und Sterben.

10 Neue Synagoge – Schalom mitten in der Stadt

Der lange Weg des Goldenen Davidsterns

Jüdisches Leben in Dresden war wechselvoll. Zur Zeit der Stadtgründung waren Händler unterwegs. In späteren Chroniken wird der Jüdenhof mit Synagoge erwähnt. Es folgten Vertreibung und in der Augusteischen Epoche die Wiederansiedlung. 1930 lebten über 5000 Juden hier. Nur knapp 50 waren es 1990. Durch Zuwanderung, vorwiegend aus Osteuropa, ist die Gemeinde auf rund 700 Mitglieder gewachsen.

Die heutige Altstadtsilhouette erinnert auf den ersten Blick an das bekannte Profil vor der Zerstörung im Zweiten Weltkrieg. Wer jedoch genauer hinschaut, sieht bedeutende Unterschiede. Am Hasenberg zwischen den ehemaligen Befestigungsanlagen und dem Kopf der Carolabrücke erhebt sich seit 2001 ein stattlicher und doch schlichter heller Gebäudekomplex, die Neue Synagoge Dresden. Damit ist jüdisches Leben an einen besonderen Ort zurückgekehrt. Hier stand die 1840 feierlich eingeweihte Synagoge, die Gottfried Semper geschaffen hatte. Sie wurde keine 100 Jahre alt, musste grausam sterben, wie viele Juden, die bis 1933 hier zu Hause waren. Seit der verheerenden Pogrombrandnacht im November 1938 war der Platz verwaist.
Die Neue Synagoge wurde am 9. November 2001, genau 63 Jahre nach dieser Zerstörung, eingeweiht. Das erste neue jüdische Gotteshaus in Ostdeutschland nach der Wiedervereinigung ist ein Ort der Andacht und des Gebets. Die Mitbürger jüdischen Glaubens sind damit wieder in der Mitte der Stadt angekommen.

Symbolträchtiger Bau

In einem der modernsten Gebäude der Stadt steckt sehr viel geschichtliche Symbolkraft. Die Würfelform erinnert an den ersten Tempel der Israeliten und an den einzigen Sakralbau Sempers, der ähnlich strenge Formen hatte. Sein Gotteshaus erhob sich aus einem quadratischen Grundriss mit einer flach gewölbten Kuppel über der Mitte.
Die Neue Synagoge wurde aus Formsteinmauerwerk mit Sandsteincharakter errichtet, was den Bezug zur Klagemauer in Jerusalem und zu regionalem Material hergestellt. Der in sich gedrehte Würfel besteht aus 34 Schichten. Jeder Absatz des 24 Meter hohen, fensterlosen Gotteshauses ist leicht verdreht aufgesetzt. So entsteht ein eleganter Schwung nach oben, der die exakte Ausrichtung nach Osten, nach Jerusalem, sichert. Durch

die versetzten Steine entstehen Verschattungen, und die Fassade hat keinen Schmuck nötig.

Die Erinnerung verbindet

Über dem Portal des Gebetshauses steht in goldenen hebräischen Lettern die Inschrift der alten Synagoge: »Mein Haus sei ein Haus der Andacht allen Völkern.« Ein vergoldeter Davidstern grüßt weithin sichtbar über der zweiflügeligen Eingangstür aus Holz. Er ist neben wenigen Mauersteinen das einzige gerettete Semper-Originalstück. Der Dresdner Feuerwehrmann Alfred Neugebauer (1914 bis 2006) versteckte den Stern nach der Pogromnacht vor den Nationalsozialisten. 1949 übergab er ihn der Jüdischen Gemeinde. Bis zur Rückkehr in den Neubau schmückte er die Synagoge Fiedlerstraße, eine Zwischenlösung auf dem Neuen Jüdischen Friedhof. Alfred Neugebauer hatte eine Tat vollbracht, mit der er Leben und Freiheit riskierte. Dafür wurde er spät geehrt: 2001 mit dem Sächsischen Verdienstorden.

Der Innenraum mit Thoraschrein, Lesepult und ewigem Licht, mit 298 Sitzplätzen in Reihen und auf Emporen hat eine zurückhaltende edle Holzausstattung. Sie wurde in den traditionsreichen Deutschen Werkstätten Hellerau gefertigt. Ein symbolisches Zelt aus einem festlich, golden schimmernden Vorhang umschließt die betende Gemeinde leicht wie ein schützendes Tuch.

Der geräumige Hof mit niedrigen Platanen verbindet das Gotteshaus mit dem Gemeindezentrum, das auch Bindeglied zwischen jüdischen und nichtjüdischen Menschen ist. Dazu trägt die jährlich im Oktober stattfindende Jüdische Musik- und Theaterwoche bei, die ein pralles Programm mit Konzerten, Veranstaltungen, Filmen, Führungen, Workshops und Podiumsgesprächen bietet.

BLICK ÜBER FRIEDHOFSMAUERN

Die Synagoge ist keine offene Kirche, es finden jedoch regelmäßig Führungen statt. Interessierte sind herzlich eingeladen zu sachkundigen Erklärungen über Geschichte, Zerstörung und Wiederaufbau sowie zum facettenreichen jüdischen Leben in der Gegenwart.

Außerdem gibt es Friedhofsführungen. Der Alte Jüdische Friedhof unter hohen Bäumen in der Dresdner Neustadt wurde von 1751 bis 1869 genutzt, ist heute ein verschlossenes Kulturdenkmal mit Grabsteinen, deren Inschriften langsam verloren gehen. Mit über 2600 Grabstätten gehört der 1867 eröffnete Neue Jüdische Friedhof in der Johannstadt zu den größten seiner Art in Sachsen und ist ebenfalls ein echtes Geschichtsbuch. Jüdische Friedhöfe sind für die Ewigkeit angelegt, Gräber dürfen nicht eingeebnet oder neu belegt werden.

WEITERE INFORMATIONEN

Jüdische Gemeinde zu Dresden: Hasenberg 1, 01067 Dresden,
Tel. 0351 6560710, www.jg-dresden.org
Jüdische Musik- und Theaterwoche Dresden e.V.: Bautzner Str. 20, 01099 Dresden,
Tel. 0351 26734048,
www.juedische-woche-dresden.de

Auf dem Vorplatz des Sächsischen Landtages erhebt sich die »Nike '89« (oben). Die Skulptur in Form eines Torsos erinnert an die Ereignisse im Herbst 1989, ist von Leiden und Widerstand gezeichnet, aber auch von Lebenskraft und Hoffnung. Der Plenarsaal (unten) verbindet transparent mit der historischen Altstadt.

11 Neue Terrasse – ein neues Stück Altstadt

Politische Transparenz an der Elbe und einiges mehr

Die Bronzeskulptur vom gebürtigen Dresdner Wieland Förster auf dem Landtagsvorplatz streckt sich kraftvoll in der Sonne nach oben, strahlt ein Glücksgefühl aus, obwohl sie ein Torso ist. Die »Nike '89, Sieg mit gebrochenen Flügeln« will sagen, dass es Siege ohne Opfer nicht gibt.

Der Platz mit dem Namen Bernhard von Lindenau erinnert an den Schöpfer der ersten bürgerlich-liberalen Verfassung von 1831 – also die perfekte Adresse für den Sächsischen Landtag. Der linke Flügel wurde um 1930 im Bauhaus-Stil als Sächsisches Finanz- und Zollamt errichtet und 44 Jahre von der SED genutzt. Heute beherbergt er Abgeordnetenbüros und Beratungsräume. Geländer, Handläufe und Türgewände sind Originale. Der Travertin-Fußboden stammt aus dem Deutschen Pavillon der Weltausstellung in Barcelona 1929. Parallel zur Elbe entstand 1994 ein verglaster Anbau für alles, was die Parlamentsarbeit noch braucht. Der neue Plenarsaal bietet beste Sicht. Die 132 Abgeordneten sitzen unabhängig von Parteizugehörigkeiten auf grünen Stühlen – wegen des grünen Rautenkranzes im Sachsenwappen. Schade, dass sich der Saal nicht um seine Achse dreht. Jeder Abgeordnete könnte in hitzigen Debatten beim Blick nach draußen zwischen den Lindenbäumen zu neuen Ufern finden. Allerdings wird von der Besucher- und Pressetribüne jedes gedankliche Abschweifen sofort registriert. Die dreidimensional gebogene Akustikwand zwischen Plenarsaal und Foyer ist perfekt konstruiert, Lauschangriffe sind unmöglich. Traumhafte Ausblicke ohne Abgeordnetenmandat bietet das Restaurant »Chiaveri«, benannt nach dem Erbauer der Hofkirche.

Glaspalast und alter Speicher

Eine Einladung ins Internationale Congress Center Dresden sollte sofort angenommen werden. Erstens stehen exzellente Themen auf der Tagesordnung. Zweitens bietet der neue Glaspalast perfekte Bedingungen hoch über dem Elbufer. Und drittens tagt man mitten in der Stadt. Im Kontrast zur beschriebenen Leichtigkeit steht ein Kompaktgebäude: der ehemalige Erlweinspeicher. Da heute alles im Lkw auf der Autobahn gespeichert wird, wurde er aus seinem Nicht-gebraucht-Werden erlöst und ist heute ein Hotel, dessen Vergangenheit noch an Details zu erahnen ist.
www.landtag.sachsen.de
www.dresden-congresscenter.de

12 Pirnaischer Platz – vom Stadttor zum Startort in die Altstadt

Gegenwart beginnt immer mit Vergangenheit

Das Pirnaische Tor war viele Jahrhunderte die Stadtgrenze. Zwei abgerundete blaue Flächen auf dem heutigen Platz gleichen Namens symbolisieren die damaligen Sumpfgebiete außerhalb der befestigten Stadt. Nunmehr ist der Verkehrsknotenpunkt ein sehr guter Startpunkt für Unternehmungen in der Altstadt.

Es grüßt ein helles Rokoko-Gebäude, das Kurländer Palais, bis 2010 letzte Kriegsruine der Altstadt. Festsaal, Gartensäle, Palaishof und Gewölbekeller erstrahlen heute wieder. Prinz Carl von Sachsen (1733–1796), der ein kurzes Gastspiel als Herzog von Kurland gab, ist der Namensgeber. Grafen, Kurfürsten, Maler und Mediziner gaben sich als Besitzer die Klinke in die Hand. 1729 gründete August der Starke die Sociéte des antisobres, die Gesellschaft zur Bekämpfung der Nüchternheit. Heute gehört guter Wein zum Fisch im exklusiven Restaurant »Kastenmeier« oder würziges Bier zum Jazz in den Gewölben.

An der Wilsdruffer Straße zieht das Landhaus die Blicke auf sich. 1775 für die sächsischen Stände gebaut, war es ab 1833 erstes Landtagsgebäude. Interessant die Mischung aus Rokoko und Klassizismus sowie die belächelte moderne Fluchttreppe an der Stirnseite. Wesentlich eindrucksvoller ist die doppelläufige Innentreppe, die zu sehenswerten Ausstellungen führt. Im Stadtmuseum wird die geschichtliche und gegenwärtige Rolle Dresdens als politisches, wirtschaftliches und kulturelles Zentrum lebendig. Die reiche territoriale Kunst des 20. und 21. Jahrhunderts setzt die Städtische Galerie wirkungsvoll in Szene.

Kultur und Kneipen

300 Meter weiter steht ein besonderer Bau der Nachkriegsmoderne seit 2008 unter Denkmalschutz, der Kulturpalast mit dem Fassadenmosaik »Der Weg der roten Fahne«. Weltweit ist es selten, dass Gebäude lebender Architekten diese Würdigung erhalten. Seit der Eröffnung 1969 erfreuten sich hier Generationen an Veranstaltungen aller Genres. Bis 2017 entsteht nun durch Innenumbau ein Konzertsaal für die Dresdner Philharmonie. Gleich um die Ecke lädt die Kneipenmeile Weiße Gasse zu Vielfalt im Quadrat ein. Hier ist gastronomisch die Welt zu Hause, von sächsisch über asiatisch bis südafrikanisch und karibisch. Je nach Wetter und Laune sitzt man drinnen und draußen.

www.kurlaender-palais.com, www.stmd.de, www.galerie-dresden.de

Das Kurländer Palais (oben) erstrahlt seit 2010 wieder neu in alter Schönheit. Hier residierten viele Hausherren, und heute sind die Dresdner und ihre Gäste herzlich willkommen. Am denkmalgeschützten Kulturpalast zeigt der Ausschnitt aus dem Wandfries »Der Weg der roten Fahne« (unten) ein Beispiel für sozialistische Kunst am Bau.

Vor dem Rathaus mit seinem markanten Turm weht die Dresdner Fahne mit dem Stadtwappen (oben). Der Goldene Rathausmann (rechts) hält seine Hand schützend über die Stadt. Der Aufgang zum Festsaal (rechte Seite unten) ist sehenswerter Jugendstil. Das Denkmal der Trümmerfrau (rechte Seite oben) erinnert an den Aufbauwillen nach dem Zweiten Weltkrieg.

13 Neues Rathaus – eine reichlich Hundertjährige bietet ihren Rat an

Rathausmann als goldenes Wahrzeichen

Die Bürgerschaft schlug 1910 König Friedrich August III. ein Schnippchen. Der Monarch hatte angeordnet, dass nichts höher sein darf als der Schlossturm mit seinen 100 Metern. Beim Bau des Neuen Rathauses hielt man sich mit einem Augenzwinkern daran: Der Turm misst 94,20 Meter, mit dem Goldenen Rathausmann ergeben sich stolze 100,30 Meter, inklusive Halbkugel, auf der er steht, und Blitzableiter.

Hoch über den Dächern wacht und grüßt der Goldene Rathausmann. Er schüttet als Schutzpatron mit der linken Hand sein Füllhorn aus, mit der rechten weist er auf die Schönheit der Stadt zu seinen Füßen hin. Spaßvögel behaupten, dass er mit seinem ausgestreckten Arm, der immerhin 2,10 Meter misst, einen Wetter-Check macht: Regnet es?
35 Jahre nach seiner Errichtung wurde die Innenstadt unter ihm verwüstet. Er selbst kam wie durch ein Wunder relativ glimpflich davon. Aus Anlass der 800-Jahr-Feier der Stadt bekam der 1750-Kilogramm-Koloss 2006 ein neues Innengestell aus nichtrostendem Stahl und einen Ganzkörperüberzug aus 520 Gramm Blattgold im Wert von 10000 Euro. Beulen und 19 Einschusslöcher aus Kriegszeiten wurden beseitigt. Bevor er wieder auf den Turm gehoben wurde, war er unten mehrere Tage in voller Schönheit zu bewundern, und man sah deutlich an dem leicht bekleideten Herrn, dass bei 4,90 Meter Körperhöhe alles etwas größer ist als an einem Normalmann.

Sinnbild von Dresdens Selbstbewusstsein

Zwischen 1830 und 1900 vergrößerte sich die Fläche Dresdens durch die Eingemeindung von Dörfern auf das Dreifache, die Einwohnerzahl stieg von 68000 auf 396000. Das Rathaus am Altmarkt platzte aus allen Nähten. Nach langwieriger Planung und schwieriger Finanzierung entstand ein mit Sandstein verklei-

detetes vier- bis fünfgeschossiges Bauwerk mit fünf Innenhöfen und einem achteckigen Turm. Die monumentale Außenwirkung und die kunstvolle Ausstattung in einem Stilmix aus Neorenaissance, Jugendstil und Neobarock verkörperte das neue kommunale Selbstbewusstsein. Vor dem Eingang Goldene Pforte stehen zwei bronzene Löwen, das Wappentier. Der prächtige Jugendstil-Treppenaufgang des Festsaalflügels ist mit Wandmalereien geschmückt. Er ist nur zu besonderen Anlässen zugänglich.
Von Frühjahr bis Herbst ist die Aussichtsplattform in 68 Metern Höhe mit fantastischem Rundumblick geöffnet. Nachdenklich machen einen 16 übergroße Sandsteinfiguren, die Tugenden symbolisieren: Aufopferung, Barmherzigkeit, Beharrlichkeit, Frömmigkeit, Gerechtigkeit, Glaube, Güte, Hoffnung, Klugheit, Liebe, Mut, Stärke, Treue, Wachsamkeit, Wahrheit und Weisheit.
Der Ratskeller empfängt keine Gäste mehr. Die Bronzegruppe »Bacchus auf einem trunkenen Esel reitend« am geschlossenen Eingang lädt zum Kurzstopp ein. Das Berühren des großen Zehs des Weingottes soll Glück bringen und zu einer baldigen Rückkehr nach Dresden verhelfen – das wünschen sich anscheinend viele, wie der blank polierte Zeh vermuten lässt.

Ausflug auf Rollen

Als der güldene Mann zum ersten Mal seinen Platz einnahm, sah er nur wenige Autos zu seinen Füßen. Seit 1998 staunt er, wenn in den Frühlings- und Sommermonaten immer freitags um 21 Uhr der Autostrom unterbrochen wird. Bei trockenem Wetter warten gegenüber an der Halfpipe in der Lingnerallee rund 2000 Teilnehmer auf den Start zum Nachtskaten, der verrücktesten Stadtrundfahrt. Im gut durchmischten Feld muss man kein Profi sein, aber die Bremstechnik beherrschen. Entspannt das Wochenende mit Inlineskaten einläuten, die Stadt auf immer neuen Touren erschließen, wo sonst Autos rollen, und das auch noch kostenlos mit der Familie, mit Freunden oder allein.
Oben steht ein Mann, im Gebäude arbeiten viele fleißige Frauen und Männer, und es gibt eine Besonderheit: Helma Orosz, die erste Oberbürgermeisterin in der Geschichte der Stadt. Vielleicht bekommt sie später ein Denkmal, auch das wäre ein Novum, denn bisher sind nur Verkehrswege nach Bürgermeistern benannt, wie Beutlerpark, Dr.-Külz-Ring, Blüherstraße oder Stübelallee.

TRÜMMERFRAU ERIKA

Auf dem Rathausplatz vor dem Festsaalflügel steht in einer Grünanlage auf einem Sockel aus Trümmerziegelmauerwerk eine überlebensgroße Bronzeskulptur. Die Trümmerfrau mit Kopftuch und Schürze hält in der rechten Hand einen Ziegelputzhammer. Als Vorbild für das Denkmal, das 1952 in Eisenguss errichtet und 1967 in Bronze neu gegossen wurde, diente dem Bildhauer Walter Reinhold die Arbeiterin Erika Hohlfeld. Es ist den Frauen Dresdens gewidmet, die in schwerer Zeit mit ihren Händen den Grundstein zum Wiederaufbau der zerstörten Stadt legten. Sie haben Trümmer weggeräumt, Steine beklopft und in den Geröllhaufen oft ihr Leben riskiert. Noch brauchbare Mauersteine wurden gesammelt, von Mörtelresten gereinigt, zu Stapeln geschichtet und später verbaut. Je weiter diese Zeit zurückliegt, je mehr die Spuren des Krieges verschwinden und je weniger Frauen von damals noch leben, desto wichtiger ist das Erinnern an die Leistungen, die sie vollbracht haben.

WEITERE INFORMATIONEN

Neues Rathaus: Dr.-Külz-Ring 19, 01067 Dresden, Tel. 0351 4880, www.dresden.de
Nachtskaten: Lingnerallee, www.nachtskatendresden.de

Touristen genießen von der Aussichtsplattform auf dem Kreuzkirchturm (oben) den Blick über den Altmarkt und entdecken schöne Details (rechts) an den Häusern auf der Ostseite (rechte Seite unten) des Marktes, die in den 1950er-Jahren gebaut wurden. Der Striezelmarkt mit der Stufenpyramide (rechte Seite oben) lädt zum weihnachtlichen Entdecken ein.

14 Altmarkt – das historische Zentrum erfindet sich neu

Marktleben und Kirchenmusik

Auf den ersten Blick ist der rechteckige Platz nur dem Namen nach alt, denn alles Sichtbare ist recht jungen Datums. Und doch hat er viel erlebt seit seiner urkundlichen Ersterwähnung 1370 als *circulus*. Märkte, Feste, Turniere wurden abgehalten, auf Barrikaden gekämpft, Gebäude gebaut und aus Machtkalkül wieder abgerissen oder in Ruinen verwandelt. Wer genau hinschaut, entdeckt Spuren.

Die Neuumbauung mit Wohn- und Geschäftshäusern begann 1953 auf einer vergrößerten Fläche. Es entstanden Siebengeschosser und markante Eckgebäude mit gegliederter Sandstein-Putzfassade. Barocke Tradition und sozialistische Denkweisen wurden vermischt. Kupferne Dachreiter und schmiedeeiserne Gitter sollten den Festcharakter unterstreichen. Massive Sandsteinskulpturen stehen für das werktätige Volk, eine Tafel erinnert an Barrikadenkämpfe während des niedergeschlagenen Maiaufstandes 1849. Arkadenpassagen mit Läden und Restaurants über zwei Etagen entstanden ebenso wie der Altmarktkeller. Die Bauten auf der Ost- und Westseite stehen unter Denkmalschutz.

Platz zwischen Freud und Leid

Der neuere Südabschluss erhielt wegen der Dachform den Spitznamen »Legohaus«. Der Schriftzug »Dresdner Bank« überrascht – nur eine Filiale der Commerzbank in Deutschland darf sich so nennen zur Erinnerung an das in der Nähe gegründete Finanzunternehmen. Nach Fertigstellung der Tiefgarage wurde der Platz neu gepflastert. Im Boden ist der Grundriss des mittelalterlichen Rathauses auszumachen, das auf Befehl von August dem Starken abgerissen wurde, um den Markt zu vergrößern. Und warum steht eine schiefe Lampe in der Platzmitte? Wer nur gerade Türme hat, will einfach mal von der Senkrechten abweichen.

Auf dem Altmarkt wurden im Februar 1945 die Leichen von 6865 Bombenopfern verbrannt. Schwer zu finden ist

die Information dazu: »Dies ist ein Ort der Mahnung, des Erinnerns und Gedenkens. Hier wurden die Leichname Tausender Opfer der Luftangriffe des 13. und 14. Februar 1945 verbrannt. Damals kehrte der Schrecken des Krieges, von Deutschland aus in die Welt getragen, auch in unsere Stadt zurück«.

Leicht zurückgesetzt steht die protestantische Kreuzkirche, mit 3000 Plätzen die größte Kirche der Stadt. Ihren Namen verdankt die im 13. Jahrhundert gegründete Kirche einer Kreuzreliquie. Der prachtvolle Renaissance-Vorgänger des heutigen Gebäudes wurde 1760 im Siebenjährigen Krieg zerstört, der klassizistische Bau wurde bis 1792 errichtet. Nach den Angriffen 1945 blieben nur Turm und Außenmauern erhalten. Beim Wiederaufbau wurde das Äußere denkmalgerecht hergestellt, das Innere betont schlicht gehalten.

Geschichtslektion hinter Kirchentüren

Die Kreuzkirche war immer ein Ort des Aufbruchs. 1539 wurde mit dem ersten lutherischen Gottesdienst die Reformation eingeführt. 1982 fand das erste Friedensforum zum 13. Februar statt. Das Symbol »Schwerter zu Pflugscharen« breitete sich von hier aus, ein Denkmal erinnert daran. 1989 bot das Gotteshaus kirchlichen Schutz und wurde eine Keimzelle der friedlichen Revolution in Dresden.

Seit fast 800 Jahren ist der Kreuzchor hier zu Hause, bereichert musikalisch Gottesdienste und Vespern. Besonders beliebt sind die Aufführungen des Weihnachtsoratoriums. Die rund 140 Kruzianer sind bei Tourneen weltweit wichtige Botschafter Dresdens. Vor der Kirche erinnert ein Denkmal an den 22. Kantor Julius Otto. Der Künstler Niklas Klotz hat jüngst einen heutigen Kreuzknaben dazugestellt.

Ein besonderes Klangerlebnis schafft die Jehmlich-Orgel, die größte der Stadt. »Orgel Punkt Drei« sind kleine Konzerte, die von Ostern bis zum 1. Advent dienstags und donnerstags um 15 Uhr erklingen. Eine Kirchenführung schließt sich jeweils an.

Der 92 Meter hohe Turm ist bis zu 54 Metern Höhe begehbar, Blick in die Glockenstube inklusive. Die fünf Glocken hängen seit 113 Jahren und haben zwei Weltkriege überstanden. Das große Bronzegeläut, das mehrmals täglich zu hören ist, wurde von der Firma Schilling in Apolda gegossen.

IM ADVENT STRIEZELT ES

1434 bewilligte Kurfürst Friedrich der Sanftmütige einen freien Markt am Tag vor Heiligabend. Daraus ist der älteste Weihnachtsmarkt Deutschlands geworden, der Striezelmarkt. Er ist benannt nach dem leckeren Christstollen, der im Mittelhochdeutschen als Striezel bezeichnet wird, und er dauert mittlerweile rund vier Wochen. Vom begehbaren Schwibbogen hat man heute einen umfassenden Blick über das Weihnachtsland mit der weltgrößten erzgebirgischen Stufenpyramide, mit wunderbar geschmückten Marktständen, an denen es alles gibt, was das Herz begehrt: Glühwein, Dresdner Christstollen, den Glücksbringer Pflaumentoffel, Pulsnitzer Pfefferkuchen, Weihnachtssterne aus Herrnhut, Pyramiden, Schwibbögen und Räuchermänner aus dem Erzgebirge, Blaudruck und Töpferwaren aus der Lausitz. Ein ökumenischer Gottesdienst eröffnet den Striezelmarkt, und viele spezielle Veranstaltungen, wie das Stollenfest, sind Publikumslieblinge.

WEITERE INFORMATIONEN

Kreuzkirche: An der Kreuzkirche 6, 01067 Dresden, Tel. 0351 439 39 20, www.kreuzkirche-dresden.de
Kreuzchor: www.kreuzchor.de
Striezelmarkt: Altmarkt, www.striezel-markt.de

Striezelmarkt – der älteste Weihnachtsmarkt Deutschlands

Das Schauspielhaus (oben) lädt zur Abendveranstaltung ein. Wer noch ein neues Outfit braucht, findet es in der Altmarkgalerie (unten). Beides ist gut erreichbar mit Bussen und Bahnen, die sich am Postplatz (rechts) treffen. Musik für jeden Geschmack: im Kraftwerk Mitte (rechte Seite unten) und in der Hochschule für Musik (rechte Seite oben).

15 Wilsdruffer Vorstadt – hier geht Dresden weiter

Künftiges Kulturquartier hat schon heute feine Adressen

Für viele Kurzzeittouristen endet die Stadttour im Zwinger. Das ist äußerst schade, denn gerade in westlicher Richtung lässt sich zwischen Postplatz und dem inneren Stadtring einiges entdecken, das einen Dresden-Aufenthalt wesentlich bereichert. Kulturell bietet das kleine Areal eine verblüffende Bandbreite und Vielfalt. Und in den nächsten Jahren kommt noch allerhand hinzu.

Der Postplatz ist ein wichtiger Bahn- und Bustreffpunkt. Er ist bestens vernetzt mit der Stadt und der richtige Ort für das Welcome-Center, das Neuankömmlingen auf Zeit das Einleben erleichtern möchte. Ausländische Spezialisten, die für länger bleiben, werden hier umfassend betreut.

Käseglocke und Panzerdusche

Über Jahrzehnte wurde die »Käseglocke« von Bahnen und Fahrgästen umschwärmt. Nach der Platzumgestaltung wird noch besser sichtbar, warum der kleine Pavillon umgangssprachlich so genannt wird: weil er wie eine überdimensionierte Käsedose mit Deckel aussieht. Im neuen kleinen Café gibt es leckeren Quarkkuchen, der andernorts Käsekuchen genannt wird.
Wer in Richtung Schauspielhaus schaut, sieht mit etwas Glück einen sich auf- und zuziehenden Theatervorhang aus Wasser, die Installation »Waterscreen«. Wegen der rechteckigen Form und anfänglicher technischer Probleme haben sich schnell die Spitznamen »Panzerdusche« und »Teppichklopfstange« eingebürgert. Die Idee an sich ist perfekt, denn die Transparenz lädt ins Schauspielhaus ein. Das helle Gebäude in einem Mix aus Jugendstil, Neoklassizismus und Neobarock wurde 1913 als Königliches Hoftheater eröffnet. Schon fünf Jahre später, nach dem Sturz der Monarchie, wurde es Sächsisches Staatstheater. Große Zeiten nach 1918 und in den 1980er-Jahren wechselten mit Phasen der Stagnation ab. Zum Ende der DDR war Theater so etwas wie Lebensersatz. Wo öffentlich geschwiegen wurde, reichten schon Andeutungen. Die Stücke, die auf die Bühne kamen, trafen

den Nerv der Zeit. Auch heute ist man wieder nah dran an den Bürgern und ihren Wünschen.
Am Weg zur Annenkirche steht der Queckbrunnen, der 1461 erstmals erwähnt wurde. Sein Wasser sollte der Legende nach zu Mutterglück führen, wofür der Storch mit Wickelkind auf dem Brunnenhaus steht. Die Annenkirche ist die älteste Vorstadtkirche Dresdens. Die sächsische Kurfürstin Anna (1532–1585) war im 16. Jahrhundert Stifterin und Namensgeberin der Kirche. Der heutige Bau stammt aus dem 18. Jahrhundert und wird nicht nur von Christen besucht, sondern wird wegen hervorragender Akustik auch für Konzerte genutzt.
Gleich um die Ecke wird mehrmals in der Woche laut gelacht. Das Kabarett »Herkuleskeule« war zu Mauerzeiten für brisantes politisches Kabarett bekannt. Heute bestätigen die Zuschauer, dass die Programme der »Keule« höchste Qualität bieten. Weil die Luft hier besonders gut für politische Satire ist, lädt ein weiteres Kabarett, Breschke & Schuch, zum Lachen über sich selbst ein. »Mein Dresden, ein wundersames Unikat ...« ist eine Kombination aus nachmittäglicher Stadtrundfahrt und Abendspaß.

Neue Kultur in alten Mauern

Das erste, um 1900 erbaute Heizwerk ersetzte 80 Einzelfeuerstellen in wichtigen Altstadtgebäuden und machte König Albert (1828–1902) glücklich, der bisher beim Gottesdienst in der Hofkirche fror. Im Energie-Museum KraftWerk am Wettiner Platz erfährt man alles über die Energiegeschichte und kann im Infopoint in die Zukunft schauen. Bis 2016 wird das ehemalige Kraftwerk Mitte in einen Kunst-, Kultur- und Kreativstandort verwandelt. Die Staatsoperette Dresden und das Theater Junge Generation erhalten endlich die Spielstätten, die ihrem Angebot und ihren Visionen gerecht werden. Durch die Umnutzung der Industriebauten, die Einbindung der Musikhochschule und die Ansiedlung weiterer Kreativer entsteht jetzt eine neue kulturell vernetzte Stadtmitte.

CARL MARIA VON WEBER WÜRDE MITMUSIZIEREN

Eine Glas-Licht-Installation macht neugierig. Konzertstimmung wird computergestützt nach draußen transportiert. 2008 wurde der 450 Zuschauer fassende Konzertsaal der Hochschule für Musik übergeben. Seine Klangqualität entsteht auch dadurch, dass der Raum individuell verändert, die Akustik je nach Konzert- oder Probensituation reguliert werden kann. Höhepunkte sind die Absolventen- oder Professoren-Antrittskonzerte sowie gemeinsame Veranstaltungen mit Musikgrößen aller Genres. Diese Vielfalt erfreut die Zuhörer und ermöglicht die beste Praxisverbindung, die man sich wünschen kann. 600 junge Menschen aus aller Welt studieren auf dem Campus der kurzen Wege Musik und tragen später den exzellenten Ruf einer der ältesten Hochschulen ihrer Art um den Erdball. Neben Oper und Orchester bestimmen neue Musik, Jazz, Rock und Pop das breite Spektrum.

WEITERE INFORMATIONEN

Hochschule für Musik Carl Maria von Weber:
Wettiner Platz 13, 01067 Dresden,
Tel. 0351 4923600, www.hfmdd.de
www.staatsschauspiel-dresden.de,
www.annenkirche-dresden.de,
www.kraftwerk-mitte-dresden.de

INNERE NEUSTADT

So bunt kann eine Markthalle (oben) sein, wie die an der Hauptstraße. Mit Farbe und sportlichem Talent lädt der Kasper (Mitte) ins Museum für Sächsische Volkskunst ein. Und am Albertplatzbrunnen (unten) ist eine kurze Auszeit angesagt – oder doch lieber auf den Elbwiesen mit fantastischem Blick auf die Altstadtsilhouette (rechts)?

Das Japanische Palais (oben) war für die Präsentation asiatischer Porzellane geplant. Heute ist es Heimat des orientalischen Damaskuszimmers, das ebenfalls in eine ferne Welt entführt. Unweit des Palais malte Bernardo Bellotto seinen berühmten »Canaletto-Blick«. An einer Staffelei (rechts) kann jeder Barock und Gegenwart vergleichen.

16 Neustädter Elbufer – Canalettos Barockblick

Grüne Stadtlebensqualität um den Flusskilometer 55

Brühlsche Terrasse, Frauenkirche, Hofkirche und Residenzschloss – die Stadtansicht des barocken Dresdens von Bernardo Bellotto ist weltberühmt. Der Künstler nannte sich Canaletto, nach seinem Onkel, bei dem er in Venedig das Malen gelernt hat. Und so ist das detailreiche Gemälde »Dresden vom linken Elbufer unterhalb der Augustusbrücke« in die Kunstgeschichte als »Canaletto-Blick« eingegangen.

Toll, dass Canalettos (1722–1780) Barockstadt sogar jeden Gast im Amtszimmer des deutschen Bundespräsidenten im Schloss Bellevue in Berlin begrüßt. Aber keine Aufregung für Besucher der Gemäldegalerie: Vier ähnliche Motive gibt es, und die Königs-Vedute ist natürlich weiterhin in Dresden zu bewundern. Der heutige Stadtbesucher sollte den Platz am linken Elbufer unterhalb der Augustusbrücke suchen und den aktuellen Blick über den Fluss mit dem barocken vergleichen. Auf den Elbwiesen steht genau dort, wo Canaletto malte, eine Staffelei. Wer für ein eigenes Gemälde keine Ausdauer hat, hält die Situation mit dem Fotoapparat fest und vergleicht die Ansichten auf dem Kamera-Display mit dem Originalgemälde in der Galerie. Besonders imposant präsentiert sich die abendlich erleuchtete Silhouette. Die wunderbare Spiegelung der Gebäude und der warmen Farben in der langsam dahinfließenden Elbe hätte dem barocken Hofmaler bestimmt gefallen. Die Stadt und der Fluss glänzen wie echte Perlen.

Vom Porzellanschloss zur Orient-Rarität

Wer sich nun um genau 180 Grad dreht, sieht eine weitere Perle von einem kleinen Park umschmeichelt: das Japanische Palais. Das Äußere imponiert wie zur Entstehungszeit vor knapp 300 Jahren, innen ist es eher bescheiden. Im barocken Dresden spielte das Palais eine Hauptrolle. August der Starke plante hier seinen Traum vom Porzellanschloss. Dächer, Innenausstattung – alles sollte aus Porzellan sein. Führende Dresdner Architekten schufen die beeindruckende Vierflügelanlage mit erhöhten Eckpavillons sowie stadt- und elbseitigen Mittelpavillons. Japanisch geschwungene Dächer bekrönen dieses Meisterwerk des Barock. Die Vision vom Porzellanschloss wurde nie Realität. Verschiedene Sammlungen wechselten sich über die Jahrhunderte ab. Berühmte Kunstschätze, die nun an anderen Orten zu bewundern sind, machten hier Zwischenstation.

Der heutige Anziehungspunkt ist das aufwendig restaurierte Damaskuszimmer

THE CANALETTO-VIEW
BLICKE AUF DRESDEN

Am Majolikagiebel des Finanzministeriums (oben) mahnt Saxonia den umsichtigen Umgang mit Steuern an. Die Wiesen zwischen dem Ministerialgebäude (unten) und der Elbe (rechts) sind als Naturtreff beliebt. Familien bummeln am Tag (rechte Seite unten) und gehen am Abend zu den Filmnächten am Elbufer mit traumhafter Altstadtkulisse (rechte Seite oben).

aus dem Jahr 1810, eine museale Rarität ersten Ranges außerhalb des Orients. Dieser Empfangsraum eines vornehmen Damaszener Wohnhauses diente der Gästebewirtung und konnte mit wenigen Handgriffen in einen Schlafraum verwandelt werden – Multifunktionalität des traditionellen Wohnens im Orient. Die reich dekorierte Wand- und Deckenvertäfelung ist im Stil des sogenannten Türkischen Rokoko gearbeitet. Neben geometrischen Ornamenten finden sich Blumen- und Obstmalereien sowie stilisierte Landschafts- und Stadtansichten.

Gezeigt werden auch farbenprächtige Wohntextilien unterschiedlichster Materialien, Techniken und Muster: großflächige Seidenstickereien aus Mittelasien, türkische Handtücher aus dem Osmanischen Reich, kurdische Knüpfteppiche aus Ostanatolien, Paillettenstickereien und feine Wollstickereien aus Persien. Die Raumatmosphäre ist wie ein Eintauchen ins Leben im Orient, eine Fortsetzung der Türckischen Cammer mit anderen Exponaten.

Das ist der Start für die neue Dauerausstellung im Museum für Völkerkunde Dresden. Es besitzt mehr als 90 000 Sachzeugen aus allen Regionen der Welt. Den Grundstein legte Kurfürst August im Jahr 1560 mit der Gründung einer Kunst- und Raritätenkammer. Die von ihm und seinen Nachfolgern gesammelten Objekte spiegeln sowohl fürstliches Repräsentieren als auch die Vorliebe für Exotisches und Kurioses wider.

Immer am Wasser entlang

Nun ist Außenaktivität in dieser großartigen Flusslandschaft angesagt. Das Neustädter Elbufer lässt sich am besten auf

zwei Rädern erobern, mit dem Segway oder dem Fahrrad. Der Elberadweg, einer der beliebtesten seiner Art in Deutschland, bietet beste Bedingungen und Entspannung zwischen den Elbwiesen. Wenn es mal über das Pflaster alter Treidelpfade geht, schaltet man einfach einen Gang herunter. Es gibt so viel zu entdecken. Da sind die prunkvollen historistischen Dachkonstruktionen und Fassaden der Regierungsgebäude am Königsufer. Der bunte Majolikagiebel am Finanzministerium ist heute genauso aktuell wie zur Entstehungszeit: Saxonia, die Patronin Sachsens, nimmt auf der einen Seite Geld durch Steuern ein, auf der anderen Seite gibt sie Geld für Kultur, Bildung aus. Glücklicherweise ist sogar eine Brücke zu entdecken.

Im Sommer sind die Elbauen beliebter Treffpunkt zum Sonnen, Schwatzen, Flirten, Musikhören und Picknicken im Grünen. Damit die geschützte Flusslandschaft keinen Schaden nimmt, sind Grillplätze zur individuellen Nutzung ausgewiesen. Nachtschwärmer verabschieden sich erst, wenn die Elbwiesen im Morgentau glitzern. Etwas weiter fangen Hunde Stöckchen, an der Prießnitz-Mündung planschen Kinder in knöcheltiefem Wasser unter schattenspendenden Bäumen und lassen selbst gebastelte Schiff-

chen fahren. Wenn die nirgends anecken oder kentern, sind sie dank der Elbströmung nach einer Woche in Hamburg.

Neue Blickbeziehungen versöhnen

Die jüngste Elbquerung wird sichtbar: die Waldschlösschenbrücke, die seit 2013 zu Dresden gehört. Sie verbindet über 636 Meter, was der Fluss getrennt hat. Radfahrer und Fußgänger sollten auf ihr innehalten, die überwältigende Aussicht auf das naturbelassene Elbtal und die neue Panoramaperspektive zum historischen Zentrum entdecken. Moderne LED-Lampen in den Handläufen lassen das Bauwerk abends dezent leuchten. Wo ist die seltene Kleine Hufeisennase? Sie nutzt ihre spezielle Fledermausautobahn zum sicheren Unterqueren der Brücke. Das Leitsystem ist gesäumt von Weiden-, Haselnuss-, Weißdorn- und Kornelkirsch-Sträuchern, von Linden, Ahorn und Ulmen. Wenn die Fledermaus doch zu hoch unterwegs sein sollte, kann sie dem Verkehrsgewimmel ausweichen, denn zwischen April und Oktober ist nachts eine Tempo-30-Zone eingerichtet.

Im Brauhaus am Waldschlösschen sollte man sich bei Livemusik von Dixieland über Blasmusik bis zu Boogie-Woogie ein kühles Blondes gönnen, oder man trinkt hoch oben an den Schlössern einen sächsischen Wein. Dabei wird über eine weitere Kuriosität geplaudert: über eine »Straße«, auf der im Winter die Verkehrsschilder abmontiert werden. Zwischen tschechischer Grenze und dem westlichen Dresdner Stadtrand schwimmen knapp 100 Fahrwassertonnen auf der Elbe. Rot auf der rechten Seite, grün auf der linken zeigen sie den Schiffern, wo sie ohne Angst vor Bodenkontakt entlangsteuern können. Rund die Hälfte wird im Winter eingeholt, denn der Schiffsverkehr ist spärlich. Wer zu dieser Jahreszeit unterwegs ist, kennt sich sowieso aus. Im Frühjahr werden die Tonnen wieder verankert – ein neues Jahr auf und an der Elbe beginnt.

FILMNÄCHTE VOR ILLUMINIERTER ALTSTADTKULISSE

Im Sommer verwandeln sich die Elbwiesen zwischen Carola- und Augustusbrücke in ein Open-Air-Areal mit neuesten Filmen und fantastischen Konzerten für alle Altersgruppen. Selbst wenn das offizielle Gelände ausverkauft ist, machen die Fans Party auf den benachbarten Elbwiesen, auf den Brücken, auf der gegenüberliegenden Brühlschen Terrasse. Die Location am Königsufer ist perfekt gewählt, denn beim abendlichen Blick auf Frauenkirche & Co. können die Gedanken auch mal abschweifen.

Etwas Besonderes sind die Konzerte von Roland Kaiser. Was im August 2003 als harmloser Sommerflirt begann, ist mittlerweile zum jährlichen mehrabendlichen Kult geworden: »Kaisermania« am Elbufer. Er hat für sein ganz persönliches Abenteuer mit Dresden sogar einen speziellen Song geschrieben: »Nur eine Affäre sollte es werden, ein Spiel der Sinne zwischen dir und mir«. Mittlerweile ist seine Dresden-Beziehung dauerhaft.

WEITERE INFORMATIONEN

Museum für Völkerkunde: Palaisplatz 11, 01097 Dresden, Tel. 0351 81 44-860, www.voelkerkunde-dresden.de

Filmnächte am Elbufer: Königsufer, www.filmnaechte-am-elbufer.de

Über die Augustusbrücke geht es in die Neustadt: die Dreikönigskirche (oben) grüßt schon. Versteckt im Hof der Hauptstraße 17 steht der barocke Pavillon (unten) von Hofbildhauer Thomae, der den Altar der Dreikönigskirche schuf. Der Goldene Reiter (rechte Seite unten) begleitet die Tour vorbei an Bürgerhäusern mit Ladenpassagen (rechte Seite oben).

17 Hauptstraße – grüner Fußgängerboulevard mit goldenem Start

Individualisten lassen sich einfach treiben

Treffpunkt für einen Bummel durch die Hauptstraße kann nur der Goldene Reiter auf dem Neustädter Markt sein. Überlebensgroß präsentiert sich Kurfürst Friedrich August I. von Sachsen, König August II. von Polen in der Haltung eines römischen Cäsaren auf einem kurbettierenden Lipizzaner-Hengst. Seit 1736 reitet er vom Residenzschloss in Richtung seines Königreichs Polen.

Wäre August der Starke heute unterwegs, würde er schon nach den ersten Metern vom Pferd steigen, um fröhlich einzutauchen in die Vielfalt aus Handel, Gastronomie und Kultur. Er würde sich erinnern, dass er nach dem verheerenden Stadtbrand von 1685 in Altendresden die »Neue Königstadt« aufbauen ließ. Die breit angelegte Allee sowie barocke Bürgerhäuser verweisen darauf. Ebenso die prächtige Dreikönigskirche, die er einfach versetzen ließ, um die von ihm gewünschte Sichtachse zu bekommen. Er würde auch viel Unbekanntes unter den prachtvollen, schattenspendenden Platanen entdecken.

Die Neue Königstadt ist für alle da

Im ehemaligen Rathaus fließt heute bei »Watzke« frisch gebrautes Bier. Im Gastraum steht die Johannesglocke, ein reich geschmückter Erstguss für die Dresdner Frauenkirche, der den klanglichen Anforderungen nicht voll entsprach.
Das Haus mit der Nummer 13 ziert der Spruch »An Gottes Segen ist alles gelegen«. Es war zwischen 1808 und 1820 das Wohnhaus des Malers Gerhard von Kügelgen (1772–1820). Hier verkehrten bedeutende Maler, Musiker und Schriftsteller der Zeit. Heute werden im Museum der Dresdner Romantik in neun thematisch gestalteten Räumen diese prominenten Gäste, darunter Johann Wolfgang von Goethe, und wichtige Vertreter der Romantik vorgestellt.
Der 87,50 Meter hohe Turm der protestantischen Dreikönigskirche markiert seit 1857 das Zentrum der Inneren Neustadt. Seine Plattform bietet nach 240 Stufen den perfekten Rundumblick. Die Kirche selbst wurde in den 1730er-Jahren nach Plänen der damaligen »Stararchitekten« Pöppelmann, Bähr und Fehre gebaut. Sie war mit 3850 Sitzplätzen eine der größten Kirchen, brannte aber 1945 bis auf die Grundmauern aus. Heute bietet der Gottesdienstraum 450 Personen Platz. Das Gesamtgebäude ist als »Haus der Kirche« ein viel genutztes Tagungs- und Veranstaltungszentrum. Sehenswert sind der sieben Meter hohe

Barockaltar des Bildhauers Johann Benjamin Thomae, der in seiner beschädigten Form als Kriegsmahnmal steht, und gegenüber unter der Orgelempore das Totentanzrelief, 1534/35 von Christoph Walther I. geschaffen. Der steinerne Fries zählt zu den bedeutendsten plastischen Renaissance-Kunstwerken und zeigt in vier Gruppen 24 Menschen- und drei Todesgestalten.

Ein Stück Dresdner Geschichte

Etwas versteckt steht das im 18. Jahrhundert vom aufgeklärten Bürgertum gegründete Societaetstheater. Das Gebäude wurde nach historischen Vorlagen wieder aufgebaut und konnte 1999 als städtisches Theater den Vorhang öffnen. Ein kleiner Kräutergarten mit Quittenbäumen lädt in der Pause zum Duftbummeln ein.

In der über 100 Jahre alten Markthalle auf der anderen Straßenseite duftet es ebenfalls verführerisch, diesmal nach Obst, Gemüse, ofenwarmen Backwaren, Fleisch, Wurst, Käse, Wein und anderen regionalen Spezialitäten. Ein Hauch längst vergessener Marktatmosphäre erwacht in der lichtdurchfluteten Halle mit schmiedeeisernen Geländern, kunstvollen Eisentreppen und Lampen aus der Gründerzeit.

Ein Jäger bläst ins Horn, zu seinen Füßen sitzt ein Jagdhund: Die Skulptur erinnert an die Geschichte des kurfürstlichen Jägerhofes, in dem seit 100 Jahren das Museum für Sächsische Volkskunst beheimatet ist. Bei seiner Gründung durch Oskar Seyffert war es ein völlig neuer Museumstyp, der die ursprüngliche Kunst des Volkes, die ehrliche Arbeit der Töpfer, Weber, Schnitzer und Klöpplerinnen zeigte. Heute ist es eine sehenswerte kunsthistorische Sammlung aller Facetten der sächsischen Volkskunst und Anstifterin für eigene Kreativität.

CHARMANTE PASSAGEN

Im Erdgeschoss der barocken Bürgerhäuser 9 bis 19 bieten Passagen Raum für kleine Läden und Lokale. Kunsthandwerker fertigen vor den Augen der Besucher ihre speziellen Produkte. In der Goldschmiedewerkstatt von Barbara Oehlke entstehen Schmuckstücke, die sich ganz individuell an den Körper anschmiegen. Die Künstlerin Janett Noack verführt in die einzigartige Welt erotischer Kunst, insbesondere durch ihre Porzellanmalerei, die mit Adam beginnt, aber bei Eva noch lange nicht aufhört. Hier findet man Geschenke, die es kein zweites Mal gibt. Und zwischendurch sollte man sich einen Meißner Wein gönnen.

WEITERE INFORMATIONEN

Hauptstraße: www.dresden-hauptstrasse.de
Goldschmiedewerkstatt Barbara Oehlke: Hauptstraße 15, 01097 Dresden, Tel. 0351 8024774, www.barbaraoehlke.de
Galerie und Atelier Janett Noack: Hauptstraße 15, 01097 Dresden, Tel. 0351 80247 85, www.kunstunderos.de

Plastischer Fensterschmuck (oben) gibt den edlen barocken Bürgerhäusern eine individuelle Note. Beim Blick zur Dreikönigskirche kommt international verständliche Werbung (rechts) ins Bild. Eine historische Gaslaterne (rechte Seite unten) leuchtet in der Nacht nach dem Besuch des Jazzclubs »Tonne« (rechte Seite oben) den Weg romantisch aus.

18 Königstraße – harmonisches Herzstück des Barockviertels

Die noble Einkaufsadresse für Antiquarisches und Trendiges

Wer erkunden möchte, was den einstigen Ruhm Dresdens als barocke Residenz- und Bürgerstadt ausmachte, der sollte sich nach den Entdeckungen rund um die Hauptstraße noch mehr Zeit für die Innere Neustadt nehmen. Einfach an der Dreikönigskirche abbiegen, und nach wenigen Metern erreicht man die Königstraße, die besterhaltene Barockstraße der Stadt und die vornehmste Einkaufsmeile.

Ein trauriges und ein hoffnungsvolles Ereignis sind die Ursachen dafür, dass uns heute die Königstraße so fasziniert. Am 6. August 1685 brach im Haus des Kunsttischlers Tobias Edler in der Meißner Gasse ein verheerender Brand aus. 331 Häuser von Altendresden wurden bis auf die Grundmauern zerstört, lediglich 20 nahe der Elbe verschonte das Feuer. Der Wiederaufbau des Gesamtgebietes kam nur sehr schleppend voran.

Eine Neue Königstadt wird gebraucht

1726 wechselte das Holländische Palais, ein früher vom holländischen Gesandten genutztes Landhaus an der Elbe, seinen Besitzer. August der Starke hatte große Pläne, wollte es erweitern lassen zum Porzellanschloss für seine umfangreiche Sammlung. Hinter dem Gebäude lag noch das abgebrannte Altendresden, ein richtiger Schandfleck. Doch die Vision einer großzügigen Neugestaltung von Wolf Caspar von Klengel (1630–1691) lag schon seit drei Jahrzehnten in der Schublade. Nun wurde der Ausbau Altendresdens zur barocken Planstadt konsequent vorangetrieben. Grundlage war das Reglement des Oberinspektors des Kursächsischen Bauwesens Graf Wackerbarth zur Ausprägung des barocken Stadtbildes von 1720. Neu angelegt wurde die Königstraße, eine 340 Meter lange und 30 Meter breite mit Linden bepflanzte Prachtallee, die Matthäus Daniel Pöppelmann (1662–1736) unter Berücksichtigung der Herrscherwünsche entwarf. Eine »Allee zum eigenen Pläsir« sollte es werden, die das Japanische

Palais, wie das geplante Porzellanschloss später offiziell hieß, repräsentativ erscheinen ließ.
Die Bauplätze an der Straße wurden unter strengen Vorgaben verschenkt. Die neuen Gebäude durften das Palais nicht überragen, was durch gleiche Geschosshöhe und Stockwerkzahl sowie hohe Mansarddächer erreicht wurde. Die Bauregelungen gaben helle Fassadengestaltung, eine einheitliche Linienführung sowie himmelsoffene Höfe zwischen Haupthaus, Seitenflügel und Hinterhaus vor. Auf den ersten Blick sind sich ähnelnde, edel zurückhaltende barocke Bürgerhäuser entstanden. Bei genauerem Hinsehen unterscheiden sich die Hausensembles durch ihre Mittelportale mit unterschiedlich gestalteten Zierrahmen, durch den Fensterschmuck und dekorierte Fassaden mit illusionistischer Malerei. Jedes Gebäude hat eine individuelle Note.
1732, ein Jahr vor seinem Tod, verlieh August der Starke dem neuen Teil seiner Residenz schriftlich den Namen »Neue Königsstadt bey Dresden«, heute einfach Neustadt genannt. Für die linkselbische Seite bürgerte sich der Begriff Altstadt ein.

Frisches Leben in alten Mauern

Das Alter von fast 300 Jahren und die Wirren der Geschichte sind dem Viertel kaum anzusehen. Die Architektur der bürgerlichen Barockstadt ist durch wenig Klassizismus, Gründerzeit und Sozialismus ergänzt worden. Alles hat eine Auffrischungskur erhalten. Neues ist hinzugekommen, das man beim flüchtigen Blick gar nicht als solches wahrnimmt. Das Hotel »Bülow Palais« komplettiert mit seiner barock anmutenden Fassade das historische Straßenbild. Die verwinkelten Innenhöfe sind als attraktive Passagen miteinander verbunden. Über alte Pflastersteine geht es in benachbarte Areale, wie die Rähnitzgasse oder das Wallgäßchen. Nah beieinander liegen Restaurants und Cafés, Galerien und Künstlerwerkstätten, Antiquariate, Clubs und Boutiquen. Internationale Labels und hochwertige Designermode bieten die neuesten Trends. Im historischen Karree arbeiten und wohnen viele junge kreative Köpfe und prägen modernen Lifestyle. Einen König gibt es immer noch, es ist der König Kunde, für den man sich hier viel Zeit nimmt.

JAZZ IN DRESDNER TONNEN

Für Jazzfans ist die Elbestadt eine Hochburg mit unterschiedlichen Facetten, wie Dixieland-Festival im Mai oder Jazztage Dresden im November. Wenn von »Tonne« gesprochen wird, dann hat Jeder sofort sein Bild von den Gewölben unter der Ruine des Kurländer Palais vor Augen und seinen Sound im Ohr. Der Jazzclub »Tonne« war einer der bekanntesten in Ostdeutschland. Seit 2002 jazzt die »Tonne« im Kellergewölbe des Kulturrathauses auf der Königstraße mit jährlich mehr als 100 Veranstaltungen, einschließlich des eigenen Mini-Festivals »Jazzwelten«. Wer in der tollen Atmosphäre von Clubraum und Jazzlounge jemanden kennengelernt hat, kann gleich im darüberliegenden Standesamt alles für ein gemeinsames Jazzleben klarmachen. Für Nostalgiker lohnt das Reinschauen in die Räumlichkeiten aus der Zeit der alten »Tonne« im Kurländer Palais – nicht mehr wiederzuerkennen, aber jazzig klingt es allemal.

WEITERE INFORMATIONEN

Königstraße: www.barockviertel.de
Jazzclub Tonne: Königstraße 15, 01097 Dresden, Tel. 0351 8026017, www.jazzclubtonne.de

19 Albertplatz – der runde Stern der Neustadt

Ein kleiner Junge sitzt bei jedem Wetter auf der Mauer

Platz bleibt Platz, auch wenn runde Straßenführung und häufige Umbenennung geradezu schwindlig machen. 1812 wurde das Schwarze Tor der Festung abgerissen und der Bautzner Platz angelegt. Zu Ehren des späteren Königs wurde 1871 daraus der Albertplatz. 1945 stand »Platz der Roten Armee« auf dem Schild, ein Jahr später war es der Platz der Einheit. 1991 erfolgte die Rückbenennung in Albertplatz.

Wasserspiele im Brunnentempel von Erlwein (oben) oder beim Sommertreiben unter den Stürmischen Wogen (rechte Seite oben). Schriftsteller lieben diesen Ort auch, wie Friedrich Schiller (rechts) am Beginn der Hauptstraße oder Erich Kästner an der Alaunstraße (rechte Seite unten). Die Villa Eschenbach (unten) zieht bildende Künstler an.

Zehn Straßen treffen sich sternförmig am wichtigsten Verkehrsknotenpunkt der Neustadt. Autos, Busse, Radfahrer werden kreisförmig um den Platz herumgeführt. Die Fahrgäste der Straßenbahn werden direkt im Rondell von den zwei fantastischsten Brunnen der Stadt begrüßt.
Das erste Hochhaus, das 1929 in Stahlbeton-Skelettbau errichtet wurde, erhebt sich in den Himmel. Die elf Geschosse mit einer Höhe von 40 Metern bekommen vor dem 90. Geburtstag eine cremefarbene Verjüngungskur dank Neunutzung durch Shopping und Gastronomie. Es gab einmal den Gedanken, daraus ein Studentenwohnheim zu machen. Das war keine gute Idee, denn das Szeneviertel der Jugend ist nur 300 Meter entfernt, die Universität aber fünf Kilometer.
Unmittelbar daneben zieht ein fensterloses Häuschen mit pyramidenförmigem Dach die Blicke auf sich. Darunter befindet sich ein artesischer Brunnen. 1836 waren Freiberger Bergleute in 243 Metern Tiefe auf Wasser gestoßen, das unter

Eigendruck noch heute aufsteigt. Es hat eine konstante Temperatur von etwa 16 °C und speist auf der anderen Straßenseite das Becken eines kleinen Brunnentempels, ein Schmuckstück neoklassizistischer Kleinarchitektur von Hans Erlwein (1872–1914). Acht Säulen mit

Kuppel umrahmen eine Wasserfontäne, die dank des immer sprudelnden warmen Wassers auch im Winter funktioniert, was sogar Goldfischen gefällt. Dahinter tut ein Trinkbrunnen sein Werk. Das Amt für Stadtgrün und Abfallwirtschaft der Landeshauptstadt Dresden informiert zwar auf einem Schild ganz offiziell, dass es sich um »Kein Trinkwasser gemäß Trinkwasserverordnung« handelt, das stört aber niemanden. Das sprudelnde Nass ist für seine hohe Qualität bekannt. So werden ständig Flaschen abgefüllt, und später entsteht aus dem Wasser vorzüglicher Kaffee.
Am Eingang zur Alaunstraße steht wohlgeformte Bronze. Wolf-Eike Kuntsche hat einem Großen der Stadt ein Denkmal gesetzt, der in diesem Kiez geboren wurde, hier aufgewachsen und zur Schule gegangen ist: dem Schriftsteller Erich Kästner (1899–1974). All seine Bücher aufeinandergestapelt, die Buchrücken fein säuberlich mit den Titeln beschriftet, obenauf sein Hut: 1,70 Meter Kästner. Dazu eine typische Arbeitssituation mit Notizblock und Bleistift, mit Kaffeetasse und Whiskyglas.

Praxisbeispiele für Leseratten

Kästners Kindheitserinnerungen *Als ich ein kleiner Junge war* sind ein lebendiges Geschichtsbuch der Stadt vor rund 100 Jahren. Und nun sitzt er wie damals als kleiner Junge auf einer Mauer vor der Villa Augustin, beobachtet gespannt den Verkehr und lädt in das Haus ein, das seinem Onkel gehörte. Er hielt sich dort oft auf, und im heutigen Museum am authentischen Ort könnte er sofort aus dem Nachbarzimmer hereinkommen. Echte Fans gehen nach der Ausstellung noch zum Blumenladen »Stammnitz« in der Louisenstraße 21, der durch *Emil und die Detektive* Bekanntheit erlangte. Bei der klitzekleinen Frau Stammnitz kaufte Erich als Kind Blumen. Heute kann man in dieses Flair noch immer eintauchen und duftende Erinnerungen mitnehmen. Auf der anderen Seite des Albertplatzes grüßt die neobarocke Villa Eschebach, 1901 für einen kunstsinnigen Küchenfabrikanten erbaut. Hier fanden die Premierenfeiern des benachbarten Albert-Theaters statt. Die exotischen Pflanzen aus dem Wintergarten waren sogar Nebendarsteller in Stummfilmen. Der heutige Nutzer, eine Bank, zieht wieder Kunstinteressierte an, denn sie bietet Raum für Ausstellungen. Rund 70 zeitgenössische Künstler hatten schon die Chance, aber auch an die Kunst vergangener Generationen wird erinnert.

WEITGEREISTE ZWILLINGE

Eine Explosion von Tausenden feinen Wassertröpfchen, die für einen Augenblick in der Luft tanzen, Regenbogenfarben zaubern und die Bronzefiguren glänzen lassen: Das sind die Brunnen »Stürmische Wogen« und »Stille Wasser« von Robert Diez. Am Abend schafft warmes Licht eine besondere Welt. Die Anlagen sind auch sehenswert, wenn dem Wasser im Winter eine Pause gegönnt wird. Die Brunnenplastiken durften 1900 sogar auf Reisen gehen, um bei der Weltausstellung diese wunderbare Arbeit der Dresdner Kunst- und Glockengießerei Bierling zu präsentieren. Eindrucksvoll werden gegensätzliche Naturgewalten dargestellt. Überlebensgroße Figuren kämpfen in stürmischen Wogen mit Seeungeheuern. Friedlich geht es im stillen Wasser zu, wo einige weibliche Wesen und Kinder sogar schon eingeschlafen sind. Wer sich auf einer Bank im kleinen Park eine Auszeit nimmt, ist davor auch nicht gefeit. Das Plätschern der Brunnen beruhigt ungemein, selbst mitten in der Großstadt.

WEITERE INFORMATIONEN

Erich Kästner Museum: Antonstraße 1, 01097 Dresden, Tel. 0351 8045086, www.erich-kaestner-museum.de

Die heutige Staatskanzlei (oben) wurde zu Monarchiezeiten gebaut, woran die goldene Krone erinnert. Im Abendlicht sieht das Finanzministerium (rechte Seite unten) richtig einladend aus. Und wohin zielt der Bogenschütze (rechte Seite oben) an der Albertbrücke?

20 Regierungsviertel – mittendrin im Politikgeschehen

Wechselvolle Geschichte und Zukunft Sachsens

Drei Fahnen flattern weithin sichtbar vor dem Hauptportal der Sächsischen Staatskanzlei: Europa, Deutschland und Sachsen in trauter Gemeinsamkeit – Symbol dafür, dass dieses historische Staatsgebäude seine Bestimmung gefunden hat. Hier ist der sächsische Ministerpräsident tätig. In unmittelbarer Nachbarschaft sind weitere Ministerien angesiedelt. Das bedeutet kurze Wege zum Wohl der Bürger.

Die Silhouette des Neustädter Elbufers wird seit Beginn des 20. Jahrhunderts von zwei lang gezogenen Staatsbauten geprägt. Sie entstanden als ambitioniertes städtebauliches Pendant zur Altstadt. Der Freistaat Sachsen hat ab 1990 mit dieser Substanz und ergänzenden Neubauten sein Regierungsviertel geschaffen.

Zwischen Kronen eine Friedenstaube

Die Staatskanzlei befindet sich im neobarocken Gebäude des ehemaligen Gesamtministeriums. In Goldbuchstaben prangen die historischen Daten auf der Rückseite: »Begonnen unter der Regierung des Koenigs Albert im Jahre MCM/ Vollendet unter der Regierung des Koenigs Georg im Jahre MCMIV.« Bis 1990 war hier der Sitz des Rates des Bezirkes Dresden mit einer Friedenstaube auf der Spitze des Mittelbaus. Sie wurde 1992 im Rahmen der Sanierung aus denkmalpflegerischen Gründen gegen eine dem Original nachempfundene Krone ausgetauscht. Das brachte dem ersten sächsischen Ministerpräsidenten Kurt Biedenkopf den liebevollen Beinamen »König Kurt« ein.

Heute sind sowohl Eingangshalle als auch großer Sitzungsaal mit blau-grüner Jugendstilbemalung und einem Bienenkorb als Symbol des Fleißes über der Tür wieder im Ursprungszustand. Das Haus wird mit einem Media- und Bürgerzentrum auch den Ansprüchen einer modernen Behörde gerecht. Eine neue Kostbarkeit ist die lebensgroße Bronzeskulptur »Die Seherin« von Malgorzata Chodakowska in der Kuppelhalle. In all der hektischen Betriebsamkeit verströmt sie mit ihrem Lächeln Ruhe und Zufriedenheit.

Sauerstoff für Pausen und Dienstgänge

Ein grünes Band zieht sich zwischen Ministerien und Elbe entlang. In den Gärten stehen halbrunde weiße Bänke neben Becken mit Wasserpflanzen. Der Ort ist perfekt zum Luftschnappen und Abschalten für Staatsdiener. Damit sie die Pausen nicht überziehen, wurde im Staudengarten eine Sonnenuhr aufgestellt – als letzter Wille der Schwestern Schmidt. Sie hält auch die richtigen Koordinaten fest: 13°45'05" öL und 51°03'29" nB. Dadurch kann niemand vom Weg abkommen, wenn grüne Aktenmäppchen ins benachbarte Ministerialgebäude getragen werden.

Das Regierungsviertel ist eine kleine vitale Stadt für sich. Die ehemalige Dreikönigsschule ist heute das Ministerium für Wissenschaft und Kunst. In einem Neubaukomplex sind drei Ministerien untergebracht, darunter das für Wirtschaft und Arbeit. Davor steht ein Bergwerkshunt mit der Aufschrift »Wir brauchen sichere Energie deshalb heimische Kohle«. Jeder Bürger kann am Sozialministerium ablesen, wie viel Energie die Solarstromanlage liefert. Im überdachten Innenhof des Finanzministeriums finden Sonderausstellungen statt, der Eintritt ist frei.

Der Rundgang kann im Café »Scholze« unterbrochen werden, wo sich sächsische Beamte und Angestellte eine kurze Auszeit gönnen und der Zufallsgast Regierungsluft schnuppert. Ein anderer Halt hat mit dem »Circus Sarrasani« zu tun, der gleich nebenan am Carolaplatz seit 1912 sein festes Haus hatte. Heute erinnert der von Vinzenz Wanitschke (1932 bis 2012) geschaffene Brunnen mit fünf Elefanten an die Zirkusgeschichte: Ein Clown balanciert eine Kugel und fängt das Wasser mit einem Stiefel auf. Aus einem anderen Stiefel lugen zwei Mäuse heraus. Ein Affe schaut listig unter einer Decke hervor. Wunderbar lebendiger Zirkus und weit weg vom Regierungszirkus, den es manchmal auch in Dresden gibt.

BLICK IN SACHSENS GEDÄCHTNIS

Das Sächsische Staatsarchiv ist ein historischer Wissensspeicher. Die älteste Urkunde stammt aus dem Jahr 948. Bis zur Gegenwart werden hier rund 50000 laufende Meter Schriftgut, Urkunden, Karten, Pläne, Nachlässe, Fotos, Filme, Tonträger und elektronische Unterlagen verwahrt. Jeder mit berechtigtem Interesse kann es nutzen, für wissenschaftliche, aber auch private Zwecke. Die Bibliothek umfasst 76500 Einheiten. Das erschlossene Archivgut ist in Findbüchern zusammengestellt, die zunehmend online abrufbar sind. Zweimal jährlich erscheint das kostenfreie *Sächsische Archivblatt*.

Der markante Magazinbau aus dem Jahr 1915 ist denkmalgeschützt. Der Erweiterungsbau ist ein Passivhaus, der an eine Archivschachtel erinnert. Von den neun Stockwerken sind drei Untergeschosse, die durch einen Gang mit dem Altbau verbunden sind. Im historischen Magazin ist durch Überdachung ein Atrium für die Öffentlichkeit und für temporäre Ausstellungen entstanden. Der Bereich ist galerieartig von zweigeschossigen Lesesälen umgeben.

WEITERE INFORMATIONEN

Sächsisches Staatsarchiv: Archivstraße 14, 01097 Dresden, Tel. 0351 89219710, www.archiv.sachsen.de

DRESDNER NORDEN

Nahe der Martin Luther Kirche schaut dieses blonde Mädchen mit Puppe und Katze aus dem Fenster (oben) – täuschend echt und doch Gebäudemalerei. Im »Hof der Elemente« (Mitte) spielt anderes Material die entscheidende Rolle. Das Kulturzentrum Scheune (unten) lädt genauso ein wie Pfunds Molkerei (rechts), der schönste Milchladen der Welt.

hand-
hergestellt!
Schaf-
und Ziegen-
käse
aus der Region
Appenzeller

Die Neustadt ist durch Kreative bunt geworden, wozu auch Fassadenmalerei (oben) beiträgt. Die alternative Szene trifft sich im Alaunpark (rechte Seite unten) zu Freizeitaktivitäten wie Grillen oder Jonglieren. Beim jährlichen Stadtteilfest »Bunte Republik Neustadt – BRN« (rechte Seite oben) kommt jeder auf seine musikalischen Kosten.

21 Äußere Neustadt – Dresdens heimliche Mitte

Durchgängig 24 Stunden geöffnet

Die Bezeichnung Äußere Neustadt ist rein administrativ, für die meisten ist dies *die* Neustadt, kein Stadtteil wie jeder andere und beliebt wegen der besonderen Atmosphäre, der individuellen Vielfalt und der schrägen Typen. Anderen wiederum ist sie zu laut, zu schrill, zu schmutzig. Wer dort lebt, hat sein Paradies gefunden. Wer nur mal reinschnuppern will, sollte es unbedingt tun.

An der Stelle, wo die Böhmische auf die Alaunstraße trifft, steht ein Urinal mit farbiger Außenfassade. Sinnigerweise ist dies die bunte Ecke, der richtige Ort für einen Exkurs in die düstere Geschichte. Bis ins 18. Jahrhundert wurde der Platz vor den Toren von Altendresden für das genutzt, was man innerhalb der Mauern nicht haben wollte: Hinrichtungen am Galgen, nichtchristliche Begräbnisse. Einwanderern aus Böhmen, die sich auf diesem sandigen Areal ansiedelten, gelang die landwirtschaftliche Nutzung. Erste Ausschänke im heutigen Kneipenviertel entstanden.

Gründerzeit ist Kinderzeit

In den 1880er-Jahren erlebte das Gebiet einen regelrechten Boom, die charakteristische Bebauung über viele Straßenzüge entstand. Von den Luftangriffen im Zweiten Weltkrieg kaum getroffen, blieb es eines der größten Areale mit geschlossener Gründerzeitbebauung in Deutschland und bildete nach der Wende das umfassendste Sanierungsgebiet der Stadt. Die Bausubstanz ist nahezu vollständig rekonstruiert, der Leerstand tendiert gegen null. Die Äußere Neustadt ist besonders beliebt bei jungen Leuten. Das spiegelt das Durchschnittsalter wider, das mit 32 Jahren rund zwölf Jahre unter dem Dresdner Mittel liegt. Hier jedenfalls können die Demografen Entwarnung geben: Die Sachsen sterben doch nicht aus, sie sind jung und voller Energie, auch dank einiger Zugereister aus aller Welt, die im kinder- und nationalitätenreichsten Viertel bunt mitmischen.

Urbane Quirligkeit und Kreativität

Touristen sollten diesen Stadtteil auf keinen Fall verpassen und am besten mit öffentlichen Verkehrsmitteln anreisen, die auch für Nachtschwärmer immer Anschluss bieten. Zum einen war das Auto gerade erst geboren, als hier geplant und gebaut wurde, demzufolge sind die Parkmöglichkeiten eher schlecht. Zum zweiten will man ja das Szeneviertel auch richtig genießen. Es hat mehr Kneipen, Bistros, Bars und Musikklubs als der Rest

der 530 000-Einwohner-Stadt zusammen und zeigt so eine weitere Seite der Landesmetropole. Wer am Abend und in der Nacht mehrmals die Lokalität wechseln möchte, kann das mit wenigen Schritten tun. Eine Konstante im Auf und Ab der Kulturszene ist die »Scheune«. Sie war 1951 erstes Jugendclubhaus der DDR, hatte gewisse Narrenfreiheit, und heute schwofen dort schon die Urenkel der Erstbesucher.
Unzählige Klamottenboutiquen, Trendläden und Ladengalerien bieten individuelle Vielfalt jenseits der Eintönigkeit großer Marken. In Gassen und Hinterhöfen kann man stundenlang stöbern. Vieles ist selbst kreiert und produziert. Manchmal kann man bei der Entstehung sogar zuschauen. Wer es selber versuchen möchte, sollte ins »Nähcafé« gehen – ein spezielles Angebot zur Kreativität, eine neue Form der Gründerzeit. Wem das zu kleinkariert ist, der kann in 80 Minuten um die Welt reisen durch Geschäfte, in denen es nach Internationalität duftet. Oder doch lieber regional einkaufen, das passt hierher.

Draußen oder drinnen

Natürlich passt auch das »Panama«, der kleine Bauernhof mit Pferden, Schafen, Ziegen, Hasen, Meerschweinchen, Hühnern und einer Katze mitten in der Stadt. Am Familiensonntag wird Knüppelkuchen gebacken oder am Lagerfeuer gequatscht. Einfach perfekt für einen Kiez mit Kids.
Das Nordbad bietet Sonne auf der Dachterrasse und zeitgemäße Wasseraktivitäten im restaurierten historischen Badetempel von 1895. Im damaligen Germania-Bad gab es noch getrennte Badezeiten für Männer und Frauen, heute lädt die gemischte Sauna zum Schwitzen ein.

BUNT IST IMMER WIEDER ANDERS

Das Stadtteilfest »Bunte Republik Neustadt – BRN« lässt es am dritten Juni-Wochenende zwischen Bautzner Straße und Bischofsweg, zwischen Königsbrücker und Prießnitzstraße so richtig krachen. Der Ursprung liegt im Jahr 1990: Die DDR war am Ende, die BRD stand vor der Tür. Da herrschte plötzlich Angst vor Immobilienspekulation, Schönsanierung, Mietwucher oder Vertreibung. Aufmüpfig und bunt wurde das thematisiert. In zwei Jahrzehnten hat sich die BRN inzwischen zum Nachbarschafts-, Kunst- und Kulturfest entwickelt, organisiert von interessierten Bürgern.
König Alltag wird für drei Tage entthront. Zwischen Straße und Hinterhof spielt in rund 40 Locations die Musik. Einfach dabei sein im Gewusel als Schaulustiger oder als Selbstdarsteller, dank Smartphone die Lieblingsband finden oder sich von Event zu Event treiben lassen.

WEITERE INFORMATIONEN

Stadtteilfest BRN: www.brn-dresden.de
Scheune: Alaunstraße 36-40,
01099 Dresden, Tel. 0351 32 35 56 40,
www.scheune.org

Im »Hof der Tiere« (oben) tummeln sich Afrikaner neben Europäern und bei den Touristen ist es genauso. Der »Hof der Fabelwesen« (rechte Seite unten) ist das richtige Plätzchen für die Fantasievollen. Alle genießen die warme Atmosphäre zwischen den vielen schönen Dingen des Lebens in diesen schmuckvollen Hinterhöfen (rechte Seite oben).

22 Kunsthofpassage – die Neustadt ist bunt

Malerische Innenhöfe werden zur Flaniermeile

Blaue und goldgelbe Wände, frei laufende Affen und kultige Fruchtfliegen, lila Soße und Omas Kuchen sind einige Attribute einer besonderen Passage. Dresdner Künstler haben im wahrsten Sinne des Wortes Kunst am Bau etabliert. Inmitten der quirligen Neustadt lädt eine zauberhafte Oase ein. Einheimische und Gäste treffen sich zum Bummeln, Entdecken, Schwatzen, Kaufen, Genießen in einer anderen Welt.

Die Antonstadt war am Kriegsende zum Glück relativ unversehrt. Typisch für dieses Areal sind mehrere frei stehende Hinterhäuser zwischen zwei Hauptstraßen. In der vom permanenten Materialmangel geprägten DDR wurde nur das Notwendigste zur Erhaltung von Gebäuden getan. So entstand der saloppe Spruch »Ruinen schaffen ohne Waffen«. Ein kaputtes Dach – es war nur eine Frage der Zeit, bis das Haus verlassen werden musste. Die Altbausubstanz verfiel.

Nach der Wiedervereinigung kam neues Leben in diese Gründerzeitbauten. 1997 begann die Geschichte der Kunsthofpassage. Anfangs sollte ein denkmalgeschütztes Haus saniert werden. Aber was wird aus dem heruntergekommenen Hinterhof? Etwas Besonderes musste her, etwas Einmaliges. So entstand zwischen der Alaunstraße 70 und der Görlitzer Straße 23 ein Komplex mit einer speziellen künstlerischen Handschrift. Hier lebt der schöpferisch kreative Geist Dresdens, gepaart mit Witz und Ironie.

Fünf fantasievoll gestaltete Innenhöfe

Im »Hof der Fabelwesen« fing alles mit mühevoller Handarbeit aus Sgraffito, Mosaiken und kleinen Skulpturen auf 900 Quadratmetern an. Märchenhafte menschliche und tierische Fabelwesen bevölkern die Fassaden. Keine Geschichten, sondern Anregungen zum Entschlüsseln der Details, Raum für eigene Fantasien. Dem »Hof des Lichts« geben blaue und weiße Wände sowie Konstruktionen für temporäre Projekte eine ganz besondere Atmosphäre. Leben ist Veränderung, deshalb ist Entstehen und Vergehen das Thema des »Hofes der Metamorphosen«. An den Wänden rosten haushohe Stahlskulpturen, Kletterpflanzen streben nach oben zum Licht. Veränderungen passieren ständig. In 24 Rahmen werden verschiedene Papiersorten der Witterung ausgesetzt.

Eine Affenherde springt im »Hof der Tiere« auf der grasgrünen Wand eines Gründerzeithauses von Fenster zu Fenster. Hoffentlich stürzt keiner ab. Das wäre gefährlich für die riesige Giraffe darunter.

Was anmutet wie afrikanische Savanne ist Steinmetzkunst, gehauen aus weichem Elbsandstein. Daneben Balkone aus Weidenflechtwerk. Sie erinnern an Baumhäuser, die auf Holzstämmen stehen. Die Freiflächen sind ebenfalls tierfreundlich. In der Mitte eines Brunnens ruht ein großer Granit-Büffel, lustige Hausschweine suhlen sich.

Der »Hof der Elemente« ist ein farbenfrohes Architekturschauspiel. Vor blauer Fassade trompetenartige Trichter und Rohre, die sich in Musikinstrumente verwandeln. Warum soll Regenwasser im Fallrohr nach unten stürzen, wenn es so schöne Umwege gibt? Halbstündlich ertönt die Wassermusik. Ein Schauspiel für Ohren und Augen. Am gegenüberliegenden Haus reflektieren Alubleche das Licht und glänzen goldgelb. Sonne passt perfekt zu Wasser, und somit symbolisiert dieses Geviert die Freude am Leben.

Leider kein Geheimtipp mehr

Der Besucher wird förmlich hineingezogen, ist elektrisiert, will weiter in den nächsten Hof, um zu sehen, was ihn dort erwartet. Gleichzeitig locken Läden, Galerien, Kneipen und Cafés. Man sollte Zeit mitbringen und – je nach Jahreszeit – mit einem Schlenderwein oder einem Schlenderglühwein in der Hand auf Entdeckungstour gehen. Vielleicht mal von der »lila Soße« kosten, die man traditionell nur in hell oder dunkelbraun kennt. Unter Ginkgobäumen bei einer Tasse schwarzen Kaffee über die Vielfarbigkeit des Lebens philosophieren. Die Anwohner kommen gern mit den weitgereisten Flaneuren ins Gespräch. Sie mögen diesen Trubel, der sich vor ihren Fenstern abspielt. Wird es doch zu viel, ziehen sie sich hinter die bunten Fassaden zurück, wo angenehmes Wohnen angesagt ist.

WAS IST EINE FRUCHTFLIEGE?

Im Labyrinth aus Höfen und Durchgängen verstecken sich verschiedenste Lädchen, die zum Stöbern einladen. Hier findet man das, was man anderswo vergeblich sucht, oder auch das, von dem man gar nicht wusste, dass man es sucht: Designerware, Individuelles, Modisches, Selbstgefilztes und zauberhaften Trödel. Immer wieder schwirren Fliegen aus verschiedenen Materialien herum. Sie sind dem Atelier »Die Fruchtfliege« von Sabine Vittinghoff entwischt. Ihre Fruchtfliegen menscheln und sind Kult. Man sollte seinen Freundes- oder Kollegenkreis vor Augen haben, wenn man das Atelier aufsucht. Was das Leben so mit sich bringen kann, ist akribisch fliegenmäßig auf Papier, Magneten und andere Accessoires gebracht. Von A wie aufmüpfig bis W wie Workaholic ist alles vorhanden. Wer Dresden mal anders sehen will: Auch die »Sixtinische Madonna« und der »Goldene Reiter« sind dem kleinen Insekt verfallen.

WEITERE INFORMATIONEN

Kunsthofpassage: Alaunstraße 70/Görlitzer Straße 23, 01099 Dresden, www.kunsthof-dresden.de

Die Fruchtfliege: Görlitzer Straße 23, 01099 Dresden, Tel. 0351 80 241 21, www.fruchtfliege.com

Kunsthofpassage – »Hof der Elemente«

Die Besucher können auf den Wänden, am Verkaufstresen und auf dem Fußboden wie in einem Bilderbuch lesen. Handgemalte Fliesen erzählen fantasievoll die Geschichte der Milchverarbeitung (oben). Natürlich muss man in so einer Atmosphäre unbedingt probieren und genießen (unten).

23 Pfunds Molkerei – der schönste Milchladen der Welt

Von Bauern, Keramikern und Kaffeetrinkern

Jede will es sein, nur eine kann es sein: die Schönste. Bei Modelwettbewerben gehen die Geschmäcker auseinander. Bei Milchläden ist die Konkurrenz zum Glück geringer und die Wahl eindeutig: »Pfunds Molkerei« steht im *Guinnessbuch der Rekorde* und punktet mit einem Traumkleid aus farbiger Keramik.

Aus heutiger Sicht war der Landwirt Paul Pfund (1849–1923) ein pfiffiger, marktorientierter Neugründer und Direktvermarkter. 1879 kam er nach Dresden – mit Frau Mathilde, sechs Kühen und der Idee, die Stadt mit hygienisch einwandfreier Milch zu versorgen. Die Einwohnerzahl explodierte gerade. Milch kam von umliegenden Dörfern schlecht gekühlt auf offenen Pferdefuhrwerken. Mit Küchenabfällen beladen fuhren die Wagen zurück.
Auf der Görlitzer Straße konnte die Kundschaft zusehen, wie die Kühe gemolken, die Milch durch feine Tücher geseiht und abgekühlt wurde. Ein Landidyll, das bald zu klein war. Auf der Bautzner Straße und mit einem Filialsystem begann der Siegeszug des 1880 gründeten Unternehmens »Dresdner Molkerei Gebrüder Pfund«. Bruder Friedrich, ein Schauspieler, kümmerte sich ums Marketing auf Produkten, Milchwagen, Plakaten und Postkarten. Sie entwickelten die Milch vom Bauerngetränk zum Allgemeingut als Voll- und Magermilch oder Schlagsahne. 1900 wurde die Dauerpasteurisierung eingeführt und die Kondensmilch in Blechdosen abgefüllt. Damit war Schluss mit flockigem Rahm im Kaffee. Acht Jahre später steuerte die hiesige Hausfrau Melitta Bentz (1873 bis 1950) den Kaffeefilter bei, ein Patent, das die Zubereitung revolutionierte.

Optik ist fast alles

Bei Pfunds fehlte noch das richtige Ambiente, das Villeroy & Boch 1892 mit 248 Quadratmetern handbemalter Majolikafliesen für 33000 Mark schuf. Übrigens: Ein Liter Milch kostete damals 12 Pfennige. Der Laden überlebte Kriege. Heute kann der Augenschmaus durch einen Gaumenschmaus ergänzt werden. Das Umfeld bietet Weiteres: im Ostmarkt werden Produkte verkauft, die nach DDR schmecken, wie der Nougataufstrich Nudossi. In der Prießnitzstraße bietet das »Carte Blanche« erlebenswertes Travestie-Revue-Theater, so bunt wie Pfunds Wandfliesen. Wäre Friedensreich Hundertwasser nicht so schnell gestorben, gäbe es Buntes auch außen zu bestaunen.
www.pfunds.de

24 Heidefriedhof – letzte Ruhe unter schattigem Grün

Spuren des Gedenkens im Stadtwäldchen

Friedhöfe gehören nicht zum Standardprogramm von Städtetouristen. Schade, denn sie bieten Geschichte aus ganz anderer Perspektive. Der Kirchhof der ersten Frauenkirche war der älteste, der städtische Heidefriedhof ist mit 80 Jahren der jüngste von derzeit 58 Friedhöfen in Dresden.

Das dichte Kronendach erzeugt ein abwechslungsreiches Spiel von Licht und Schatten, gibt ein Gefühl der Geborgenheit. Neues Grün wächst, Blätter fallen und zeugen von der Vergänglichkeit. Der Heidefriedhof unterscheidet sich von anderen Großstadtfriedhöfen. Das Areal im Landschaftsschutzgebiet Junge Heide blieb trotz gewisser Symmetrie ein wunderbarer Mischwald. Die Quartiere der 30 Hektar großen Anlage werden durch Alleen, naturbelassene Wege und Pflanzstreifen gegliedert. Grabmale aus Naturstein oder Holz unterstreichen den Charakter.

Die Erinnerung bleibt

Neben der Trauerhalle liegen Rosen im Wasserbecken. Darüber erhebt sich die Skulptur »Trauerndes Mädchen am Tränenmeer«. Sie weist den Weg durch den Ehrenhain für die Opfer von Krieg und Gewaltherrschaft. 14 Sandsteinsäulen an einem Rondell erinnern an Vernichtungslager wie Auschwitz und Theresienstadt. Als Symbol für Kriegszerstörungen und Zivilopfer stehen Warschau und die Dresdner Partnerstädte Coventry, Leningrad und Rotterdam. Die Massaker von Lidice und Oradur sind unvergessen.

Für rund 25 000 Menschen in Dresden endeten Hoffnungen und Wünsche in einer schrecklichen Bombennacht. Viele der Opfer liegen in Massengräbern. Eine leicht gewölbte Sandsteinwand trägt die Inschrift des Dresdner Schriftstellers Max Zimmering (1909–1973): »Wie viele starben? Wer kennt die Zahl? An deinen Wunden sieht man die Qual der Namenlosen, die hier verbrannt im Höllenfeuer aus Menschenhand. Dem Gedenken der Opfer des Luftangriffs auf Dresden am 13.–14. Febr. 1945.«

Der Waldfriedhof ist ein Ort im Wandel. Neben herkömmlichen Erd- und Urnengräbern werden Beisetzungen in Baumgrabanlagen immer beliebter. Und Trauer verträgt auch ein Schmunzeln: Jedes Vogelhäuschen am Baum hat eine Nummer. Die Gießkannen werden mit Schlössern gesichert, die man andernorts als Liebesbeweise an Brücken findet.
www.bestattungen-dresden.de

Die Bronze-Skulptur »Trauerndes Mädchen am Tränenmeer« begleitet seit 2010 voller Anmut alle Trauernden auf dem Heidefriedhof. Sie ist das Werk der polnischen Bildhauerin Małgorzata Chodakowska, die seit 1991 in Dresden lebt und arbeitet.

Natürlich zeigt das Militärhistorische Museum Militärtechnik (oben). Aber auch das schwere Los der Tiere (unten) in Kriegszeiten wird thematisiert. Ein lichter Keil durchtrennt das ehemalige Waffenlager (rechte Seite unten) und bringt eine neue Nutzung. Die Garnisonkirche St. Martin (rechte Seite oben) strahlt Friedfertigkeit und Ruhe aus.

25 Albertstadt – das Militärareal hat seinen Frieden gefunden

Schiefe Wände gegen Gewalt und für einen neuen Blick

Von außen ein Hingucker, das Innere ein Muss: das Militärhistorische Museum der Bundeswehr. Ein symbolträchtiger Keil durchbricht die spätklassizistische Fassade des historischen Arsenalgebäudes. In der Ausstellung kann der Besucher auf eindrückliche Weise sehen, fühlen, hören und riechen, was Krieg bedeutet und warum alle Anstrengungen auf Frieden ausgerichtet sein sollten.

Nach der Gründung des Deutschen Reichs entstand im Norden Dresdens auf 360 Hektar unbesiedelter Fläche ein Areal für über 10 000 Angehörige der Königlich Sächsischen Armee. Geistiger Vater war Kriegsminister General Alfred von Fabrice (1818–1891), an den an zentraler Stelle ein Mausoleum erinnert.

Jede Zeit hat ihre Geschichte

Kasernen für Soldaten und Offiziere, Reitställe für Pferde, ein Provianthof mit Bäckerei und Waschanstalt, Lazarette für Kranke, eine Strafanstalt für Aufmüpfige sowie ein Arsenal zur Lagerung und Wartung von Waffen bildeten einen der größten zusammenhängenden Garnisonstandorte Deutschlands. Damit wurden die in der Innenstadt verstreut liegenden Einrichtungen ersetzt. Mittelpunkt war die rund drei Kilometer lange Paradestraße, die heutige Stauffenbergallee. Anders als jetzt plante man mit acht Jahren Bauzeit und hatte das Projekt bereits nach sechs Jahren abgeschlossen. Seit 1877 heißt das Areal königstreu Albertstadt. Nach dem Ersten Weltkrieg entstand ergänzend zur kontinuierlichen militärischen Nutzung ein benachbartes Industriegelände. Die Auflösung der Nationalen Volksarmee, der Abzug der sowjetischen Truppen und Betriebszusammenbrüche erzwangen nach 1990 einen Neuanfang.

Die meisten der früheren militärischen Objekte wurden aufwendig denkmalgerecht saniert und werden heute zivil genutzt als Wohn- oder Bürogebäude. Das umfangreiche Stadtarchiv und das Landesfunkhaus Sachsen des Mitteldeutschen Rundfunks haben ein passendes Zuhause gefunden. Wo früher am Fließband geschuftet wurde, vergnügt sich die Jugend. Die Bundeswehr ist präsent mit der Offiziersschule des Heeres in der Graf-Stauffenberg-Kaserne. Diese zentrale Ausbildungsstätte durchlaufen alle angehenden Offiziere des Heeres und lernen somit ein interessantes Stück Dresden kennen.

Ein Bummel über die weitläufige parkähnliche Anlage ist Geschichte pur und

schließt den Besuch des Militärhistorischen Museums der Bundeswehr ein. Schon von außen wird mehr als deutlich, dass Gewalt das beherrschende Thema des Hauses ist, aber gleichzeitig ein sichtbares Zeichen der Erneuerung gesetzt wurde. Der amerikanische Architekt Daniel Libeskind hat durch das massive Arsenalgebäude einen lichten Keil getrieben. Die bisherige Raumordnung, das bisherige Denken ist schonungslos zerschnitten. Diese überraschende, ausdrucksstarke Architektur eröffnet neue Räume für die Auseinandersetzung mit autoritärer Militärgeschichte und organisierter Gewalt. Der Keil weist genau auf das Stadion im Ostragehege, an dem sich die todbringenden Bomber im Februar 1945 orientierten. Er ist begehbar, und von der oberen Spitze sieht der Besucher das wunderbare Panorama der wiedererstandenen Stadt.

Gewalt ist keine Lösung

Die Ausstellung versucht, rund 800 Jahre deutscher Militärgeschichte chronologisch und themenbezogen neu zu interpretieren, weitab von klassischer Uniform- und Waffendarstellung. Der Mensch mit seinen Ängsten, Hoffnungen und seiner Aggressionsbereitschaft steht im Mittelpunkt. Die wissenschaftlich fundierte und zugleich erlebnisorientierte Präsentation unterstreicht den Anspruch, ein Museum für die ganze Familie zu sein. Interessant, wie unsere Mode militärische Komponenten aufgreift oder was uns Musik zu diesem Thema sagen kann. Zerschossene Uniformen machen sehr nachdenklich, genauso Tiere, die in die Kriegsmaschine eingebunden wurden, oder eine V2 in Originalgröße von 14 Metern, die Vergeltungswaffe, die noch im Frühjahr 1945 von Deutschland aus abgeschossen wurde.

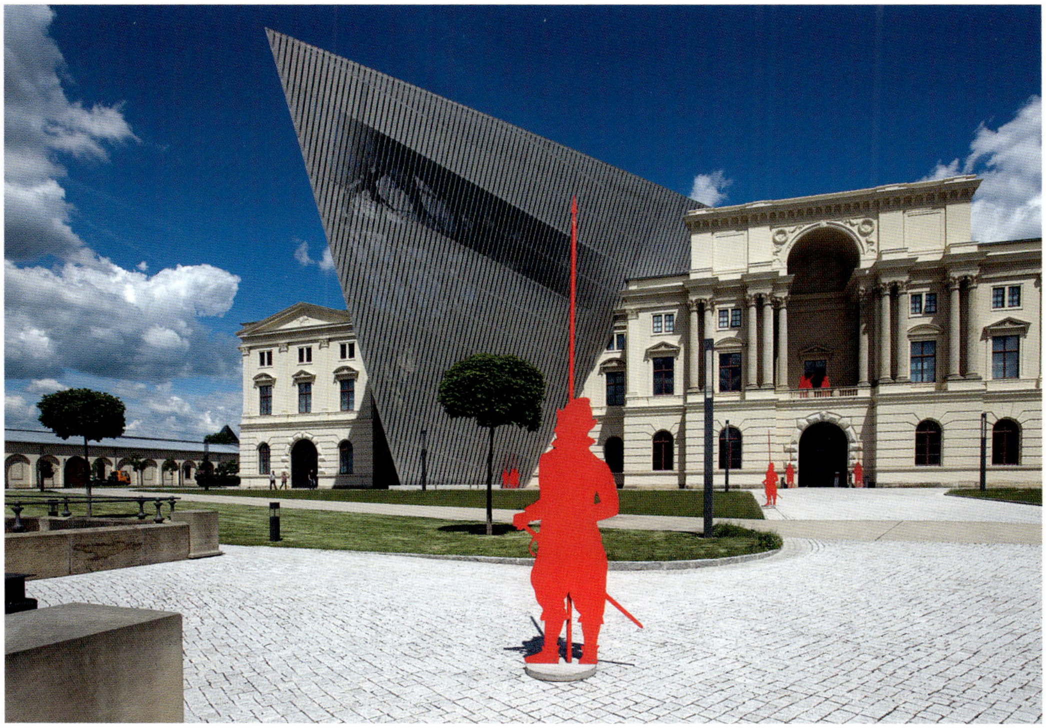

DREI GRUNDSTEINE FÜR EINEN KIRCHENBAU

Fünf Jahre nach Grundsteinlegung fand am 28. Oktober 1900 die Weihe der Garnisonkirche St. Martin statt. Heute ist nicht zu erkennen, dass es drei Gebäude sind. Aus der strikten Trennung im Boden für evangelischen und katholischen Teil sowie den 90-Meter-Turm wurde eine unübersehbare Einheit, einer der letzten Sakralbauten des Historismus. Der Krieg hat die Kirche verschont. Heute nutzt die katholische St.-Franziskus-Xaverius-Gemeinde, die ihr Haus in der Bombennacht verlor, den linken Teil. Eine besondere Orgel der Dresdner Gebrüder Jehmlich erklingt, ein seltenes Beispiel für Orgelbaukunst der romantischen Epoche. Im ehemals evangelischen Teil sind Marionetten und Handpuppen zu Hause: Das Depot der Dresdner Puppentheatersammlung besitzt mehr als 50 000 Einzelstücke aus drei Jahrhunderten. Das Museum für Sächsische Volkskunst präsentiert eine kleine, feine Auswahl.

WEITERE INFORMATIONEN

Militärhistorisches Museum: Olbrichtplatz 2, 01099 Dresden, Tel. 0351 823 28 03, www.mhmbw.de

Katholische Gemeinde: Stauffenbergallee 9h, 01099 Dresden, Tel. 0351 563 40 30, www.st-franziskus-xaverius-dresden.de

Das Eingangstor zum alten Firmengelände der Deutschen Werkstätten (oben). Arbeiten und Leben gehören in Hellerau einfach zusammen: das Gasthaus am Markt im Reformstil (unten). So lässt sich's wohnen: typische Häuser der Gartenstadt (rechte Seite unten). Das Traditionsunternehmen Deutsche Werkstätten produziert nun im Neubau (rechte Seite oben).

26 Hellerau – erste deutsche Gartenstadt

Ein besonderes Stück Wohnen, Kultur und Arbeit

Einer der Architekten, die Dresden besonders geprägt haben, ist Richard Riemerschmid, auch wenn man das auf den ersten Blick nicht sieht. Die von ihm geschaffene Siedlung gehört nicht zum Programm der öffentlichen Sightseeing-Tour. Der Grund: Sie liegt einfach zu weit weg im Norden. Zum Glück, denn so lernen nur Individualisten dieses Kleinod kennen, und das ist gut so.

Die Au auf dem Heller war unberührte Heidelandschaft und bäuerlicher Acker. Mit der Ansiedlung der Dresdner Werkstätten für Handwerkskunst durch den Möbelfabrikanten Karl Schmidt (1873–1948) aus Laubegast wurde daraus 1909 ein Genossenschaftsexperiment im Dreierpack.

Wohnen im Grünen

Nach englischem Vorbild entstand die erste deutsche Gartenstadt. Richard Riemerschmid (1868–1957) entwarf den Plan und realisierte ihn mit Heinrich Tessenow (1876–1950) und anderen renommierten Kollegen auf 140 Hektar. Zunächst entstanden 387 Häuser in Einzel-, Doppel- und Reihenbebauung. Typenhäuser, abgewandelt mit viel Liebe zum Detail: Fassaden in Ockergelb, vielfach gesprosste Fenster mit grünen oder blauen Läden, nach unten gezogene Mansarddächer mit Biberschwänzen. Gärten mit Obstbäumen und Hecken bieten Geborgenheit, Gassen rufen geradezu zum Nachbarkontakt. Für Sauberkeit sorgt ein Schuhkratzer neben jeder Tür, schließlich wohnt man in der Straße Am grünen Zipfel nah am Wald.

Kultur im Grünen

Das Naturparadies wurde zur Künstlerkolonie, der grüne Hügel der Moderne. Tessenow schuf 1911 in Reformarchitektur einen Bauhaus-Vorläufer: das Festspielhaus. Hier gibt es keine Trennung von Bühne und Zuschauerraum, Darsteller und Publikum verschmelzen zu geistiger Einheit. Die Bildungsanstalt für Rhythmische Gymnastik nutzte die Experimentierbühne für modernen Ausdruckstanz und Musikimprovisation. Ideengeber und Leiter war der Schweizer Tanzpädagoge Emile Jaques-Dalcroze, später eine seiner Schülerinnen Mary Wigman. Künstler, Lehrer und Schüler wohnten in Pensionshäusern, suchten Neues, fanden Raum zum Experiment, ein geistiges und künstlerisches Zuhause. Hellerau zog die Kunstavantgarde Europas an: Kafka, Kokoschka, Nolde, Shaw, van de Velde, Stefan Zweig. Welch fulmi-

nanter Start – und welch jäher Abbruch durch Krieg und Krisen. Das Festspielhaus wurde Opfer geschichtlicher Ereignisse: 1937 wurde es Polizeischule, von 1945 bis 1992 war es Kaserne und Lazarett der Roten Armee. Heute ist das imposante Festspielhaus das Europäische Zentrum der Künste, Domizil der Forsythe Company, Produktions- und Aufführungsort des Tanztheaters Derev – wieder ein Laboratorium der künstlerischen Moderne.

Arbeiten im Grünen

In den Deutschen Werkstätten Hellerau wird nach wie vor gearbeitet. Der Grundriss der Anlage ähnelt einer Schraubzwinge, passend zur Produktion bezahlbarer Maschinenmöbel. Die Unternehmensphilosophie von Karl Schmidt, liebevoll »Holz-Goethe« genannt, verband funktionelle und ästhetische Wohnansprüche mit maschineller Produktion. Später war dies ein VEB (Volkseigener Betrieb) mit sozialistischer Pflicht: Serienfertigung praktischer Montagemöbel für DDR-Wohnzimmer oder als Exportschlager. Die Kür war 1985 die Ausstattung Semperoper. Weitere Schritte in den Innenausbau folgten nach 1990: Sächsischer Landtag, Neue Synagoge, Internationales Congress Center strahlen in Hellerau. Der Star, auf den die meisten Blicke fallen, ist die Tür D der Frauenkirche.
Der Unternehmenssitz wurde 2006 in einen Funktionsneubau verlegt. Die Industriearchitektur des ehemaligen Fabrikensembles mit großem Innenhof ist denkmalgerecht saniert, Laufkatze und Hobelbänke erinnern an früher. Innovative Unternehmen haben sich angesiedelt, Veranstaltungsräume stehen bereit, Atelierhäuser mit Solarstromdächern sind entstanden. Die frühere Produktionsstätte und die gesamte Gartenstadt haben ihre ursprüngliche Ausstrahlung bewahrt. Neues passt dazu, wie etwa die Kindertagesstätte Hellerauer Gartenkinder. Der aktive Bürgerverein hat sein neues Zentrum Waldschänke, wo Kunst, Kultur und Kommunikation im Mittelpunkt stehen.

DESIGN UND KUNST IM NEUBAU

Im lichtdurchfluteten Großraumbüro wachsen Designideen für den exklusiven Innenausbau von Villen oder Yachten. In den angrenzenden Werkstätten werden sie mit unterschiedlichen Materialien in perfekter Handwerkskunst realisiert. Da wird traditionell Nussbaumholz verwendet oder ganz innovativ gefriergetrocknetes Moos. Die Kunden weltweit, besonders in Skandinavien und Russland, sind begeistert. Die Deutschen Werkstätten Hellerau gehen ihren erfolgreichen Weg in der Privatwirtschaft von Entwurf, über Planung und Ausführung bis zum Einbau. Die kleine Werkstättengalerie bietet ein wunderbares Ambiente für wechselnde Ausstellungen zeitgenössischer Kunst. Ein Geheimtipp sind die monatlichen Werkstättenkonzerte. Besonders Studenten und Jungkünstler bekommen hier eine hervorragende Präsentationsmöglichkeit ganz im Sinne des Urvaters Karl Schmidt.

WEITERE INFORMATIONEN

Deutsche Werkstätten Hellerau: Moritzburger Weg 68, 01109 Dresden, Tel. 0351 21 59 00, www.dwh.de
Hellerau – Europäisches Zentrum der Künste Dresden: Karl-Liebknecht-Straße 56, 01109 Dresden, Tel. 0351 26 46 20, www.hellerau.org

DRESDNER OSTEN

Das Elbtal weitet sich zu einer Auenlandschaft. Sie geht in Weinberge über, die von Schlössern bekrönt werden (oben). Ohne Fleiß – kein Preis (Mitte). Das Weinresultat kann auch auf dem Wasser probiert werden (unten). Die Blicke schweifen von der Aussichtsplattform der Bergschwebebahn über das Blaue Wunder nach Blasewitz (rechts).

Die Gläserne Frau im Deutschen Hygiene-Museum (oben) lässt Blicke ins Körperinnere zu. Im Kinder-Museum (rechts) geht es um die fünf Sinne. In der Gläsernen Manufaktur von Volkswagen (rechte Seite unten) entsteht die Premiummarke Phaeton größtenteils in Handarbeit. Auf dem Sachsen-Markt (rechte Seite oben) wird freitags regionale Frische getankt.

27 Straßburger Platz – einmal 20. und zweimal 21. Jahrhundert

Ausgewähltes Areal für Hand-, Kopf- und Fußarbeit

Eine blaue Straßenbahn durchquert das historische Stadtzentrum, befördert aber keine Fahrgäste. Ein Ballspieler zieht dank seines muskulösen Körpers die Blicke auf sich, aber er tritt nicht in Aktion. Schwarz-Gelb ist unübersehbar, aber eigentlich dreht sich alles um Grün. Es geht um Autoproduktion, Gesundheitsbildung und Fußballwahn.

Der 40-Meter-Turm der Gläsernen Manufaktur macht neugierig. Auf 16 Ebenen warten bis zu 280 verkaufsfertige Luxuslimousinen von VW auf ihre erste Fahrt. 150 Meter entfernt verlassen Rohkarossen, die auf Schienen mit der CarGoTram anreisten, ihre Plätze. Computergesteuert durchlaufen sie auf schuppenartigen Fließbändern die Fertigung. Auf drei Ebenen agieren Monteure in weißen Overalls. Fahrwerk und Karosserie vereinen sich, bis zu 50-mal am Tag. Das prächtige Resultat heißt seit 2001 Phaeton.

Jeder Phaeton ist ein individuelles Meisterstück, ein Wunschauto in Technik, Lackfarbe, Ledersorte. Die Herstellung kann dauern. So wie damals in der DDR? Nein: Da waren nur 26 PS unter der Haube, die Farbe war festgelegt, Fertigstellung in Zwickau nach zwölf Jahren. Wer gute Ohren hat, hört Vogelstimmen aus Lautsprechern. Sie halten Artgenossen tierfreundlich von den Glasfassaden fern. Noch musikalischer ist das sommerliche Klassikpicknick mit der Staatskapelle auf den Manufaktur-Wiesen.

Hygiene ist mehr, als man denkt

Das Deutsche Hygiene-Museum ist einzigartig in Europa. Die Gläserne Frau lockt, daneben Themen wie Ernährung und Sexualität, Körperbilder und Schönheitsideale, Bewegung und Sport, Gehirn und Denken. Interaktive Stationen bieten informative und unterhaltsame Museumserlebnisse.

Der Mäzen Lingner hatte die Idee vom Gesundheitsmuseum fürs Volk. Zur II. Internationalen Hygiene-Ausstellung 1930 wurde der Museumsbau bezogen, 2011 war die Generalsanierung abgeschlossen. Wer denkt, er kennt das Museum mit 1300 Exponaten, der irrt. Regelmäßig laden Sonderausstellungen mit Querden-

ker-Themen ein. Kleine und Große lassen sich die Welt gern durch die »Sendung mit der Maus« erklären. Genauso informativ und pfiffig ist das Dresdner Kinder-Museum für alle zwischen vier und zwölf – und sogar bis 100. Die fünf menschlichen Sinne sind der Aufhänger, und man staunt, wie Ohren, Augen, Haut, Nase und Zunge funktionieren.

Schwarz-gelbe Leidenschaft

1874 wurde in Elbflorenz erstmals nach englischem Vorbild organisiert Fußball gespielt. Heute ist der 1953 gegründete Verein Dynamo Dresden absoluter Kult. Das erfolgreichste Jahrzehnt waren die 1970er-Jahre. Die ballorientierte Spielweise ist als »Dresdner Kreisel« berühmt. Trainerlegende Walter Fritzsch entdeckte früh Talente wie Ulf Kirsten und Matthias Sammer. Im gemeinsamen Deutschland erfolgte viel Talfahrt – und endlich 2011 der Wiederaufstieg in die 2. Bundesliga. Ein wahrer Mitglieder-Boom setzte ein. Dynamo Dresden ist der größte Sportverein der neuen Bundesländer.

Das Sportliche ist untrennbar mit der Spielstätte verbunden. Hermann Ilgen spendierte das erste Stadion. Die »Mäuse« dazu hatte er sprichwörtlich mit solchen verdient, denn er war Mäusegifthersteller. Das Nachkriegsstadion bekam im Jahr 1969 Flutlichtmasten. Die 62 Meter hohen Giraffen waren sichtbares Markenzeichen, die es heute nur noch als Mini-Nachttischlampen gibt. Seit 2010 wird der 32 296 Zuschauer fassende, voll überdachte Fußballtempel mit seinen steil aufragenden schwarz-gelben Tribünenwänden bei jedem Heimspiel zum Hexenkessel. Der K-Block ist das akustisch-optische Herzstück der Fans und macht jeden Stadionbesuch zum Erlebnis.

Der ehemalige Bundestrainer Helmut Schön ist ein Dresdner Junge. Seine Geburtsstadt widmete ihm gleich um die Ecke eine Mini-Allee. Die Cockerwiese ist ohne offizielles Schild, aber fest in der Bevölkerung verankert, seit Joe Cocker am 2. Juni 1988 hier rund 10 000 Fans begeisterte.

KALORIENKAUF UND KALORIENVERBRAUCH

Der Sachsenmarkt, Dresdens größter Wochenmarkt, lädt freitags am Hygiene-Museum zu Frische, Genuss und Gesprächen ein. Er ist die erfolgreiche Weiterführung des Forum-Marktes der Bürgerbewegung, um Regionalem eine faire Chance im gesamtdeutschen Markt zu sichern. Für Dauerkunden der perfekte Wochenendstart, Neukunden finden essbare Urlaubserinnerungen. Wer sich im Gewusel verliert: Treffpunkt ist der Marktfrauenbrunnen am Rand der Beutelwiese. Um Kalorienbedarf zu haben, empfiehlt sich die Kombination Sport und Einkauf: vor den Besorgungen ein Stündchen schwimmen im Georg-Arnhold-Bad, benannt nach dem Stifter, einem jüdischen Bankier. In den 1990er-Jahren schickte sein Enkel eine schöne Summe aus den USA. Aus dem Frei- wurde ein Erlebnisbad.

WEITERE INFORMATIONEN

Gläserne Manufaktur: Lennéstraße 1, 01069 Dresden, Tel. 0351 4204411, www.glaesernemanufaktur.de

Deutsches Hygiene-Museum: Lingnerplatz 1, 01069 Dresden, Tel. 0351 48846-400, www.dhmd.de

SG Dynamo Dresden e.V.: Lennéstraße 12, 01069 Dresden, Tel. 0351 439430, www.dynamo-dresden.de

Wunderbar ist es, die Ruhe beim Skaten (oben) zu genießen, bevor die Torhäuser (unten) ihre Gastronomie öffnen. Und natürlich gehört ein Blick auf die Marmorgruppe »Die Zeit entführt die Schönheit« des italienischen Bildhauers Pietro Balestra (rechts) dazu, die sich majestätisch vor dem ersten sächsischen Barockbau erhebt.

28 Großer Garten – die grüne Lunge zum Durchatmen

Rund um die Uhr offen für Einwohner und Touristen

Vor drei Jahrhunderten ließen sächsische Kurfürsten eine repräsentative barocke Spielwiese weit außerhalb der befestigten Residenzstadt errichten. Die Einladungen zu höfischen Festlichkeiten gingen an Auserwählte, die hier in standesgemäßer Kleidung lustwandelten. Heute ist das Areal von Urbanem umschlossen. Der Große Garten ist für alle da – eine grüne Oase unweit der historischen Altstadt.

Der Große Garten macht seinem Namen alle Ehre. Er ist mit 147 Hektar der größte Park der Stadt und war vielleicht Vorbild für den Central Park in New York. Breite Alleen und verschlungene Wege, einheimische Pflanzen und exotische Gewächse auf farbenfrohen Beeten, Bachläufe, Wasserflächen und Springbrunnen sowie weitläufige Wiesen und uralter Baumbestand wechseln sich ab. Im Mittelpunkt steht weit sichtbar das Palais, ein Juwel mit reichem Bildhauerschmuck. Französische und italienische Architektureinflüsse sind unübersehbar an diesem ersten sächsischen Barockbau. Das Palais errichtete Johann Georg Starcke (1630–1695) am Schnittpunkt der Parkhauptachsen. Einst diente es als Festgebäude im Grünen. Der Schauplatz fürstlicher Sommervergnügen erscheint durch Spiegelung auf der ruhigen Wasserfläche des benachbarten Teichs noch monumentaler, als er in Wirklichkeit ist. Heute wird diese fürstliche Zeit bei Konzerten und Theaterveranstalten in der Festsaaletage oder in lauen Sommernächten unter freiem Himmel lebendig. Zu zeitweiligen Kunst- und Floristikausstellungen lädt das Skulpturenlapidarium im Erdgeschoss ein. Dort haben sächsische Originale den richtigen Ort und das passende Klima, um künftige Generationen zu erfreuen. Architekturgebundene Plastiken, Garten- und Friedhofsskulpturen sind aus konservatorischen Gründen an ihren ursprünglichen Standorten durch Kopien ersetzt worden.

Wenn die Besucher gegangen sind, kommt es vielleicht zum netten Plausch der meist weiblichen Sandsteinschönheiten über ihre Schöpfer Permoser, Thomae, Kirchner und Knöffler. 22 der einst über 150 Skulpturen und Schmuckvasen wird weiterhin Frischluft gegönnt. Sie sind an ausgewählten Stellen des Gartens zu bewundern.

Barockes Herz in englischer Hülle

Auf dem Rasenparterre direkt vor dem Palais steht die vom italienischen Bildhauer Pietro Balestra (1672–1729) geschaffene Gruppe »Die Zeit entführt die

Der Carolasee (oben) ist ein beliebtes Freizeitareal mit Gondelbetrieb. Er ist gut mit der Parkeisenbahn (Mitte) zu erreichen. Die Gartenwirtschaft am Carolasee (unten) lädt zum Verweilen ein. Danach geht es weiter zum Flanieren und Sporttreiben auf der Hauptallee (rechte Seite unten) oder zu den Erdmännchen (rechte Seite oben) in den Zoo.

Schönheit«, die mit ihrer außerordentlichen Detailvielfalt besticht. An beiden Seiten der Herkulesallee, die den Park auf ganzer Länge 1900 Meter majestätisch durchzieht, begrüßen vier Herkulesstatuen den Besucher. Sie werden der Werkstatt des Zwingerbildhauers Balthasar Permoser zugeschrieben. In den verwinkelten Gartenbereichen dagegen verstecken sich die bildhauerischen Werke und locken Besucher in immer neue Areale des romantischen Landschaftsparks. Besonders beliebt ist der südwestlich der Hauptallee stehende Mosaikbrunnen, der in den 1920er-Jahren im Stil des Art déco geschaffen wurde. Er erinnert an Blütenkelche, die ihre Farbigkeit Tausenden von italienischen Mosaiksteinchen verdanken und je nach Lichteinfall immer neu verzaubern.

Verschiedene Landschaftsgestalter, darunter so bekannte Namen wie Karcher, Lenné und sein Schüler Bouché, haben ihre spezielle Handschrift im heterogenen Erscheinungsbild des Parks hinterlassen und doch ein Gesamtkunstwerk der Natur geschaffen. Das barocke Herz mit Teppich- und Parterrebeeten, Koniferen-, Stauden- und Dahliengärten ist umgeben von einer durch englische Landschaftsgärten geprägte Hülle.

Immer in Bewegung

Die wechselvolle Geschichte, die auch kriegsbedingte Zerstörungen und Plünderungen im Siebenjährigen Krieg, unter Napoleon und in den Bombennächten im Jahr 1945 verkraften musste, sieht man dem Großen Garten zum Glück fast nicht mehr an.

Nach 1814 wurde der Königliche Garten von der Öffentlichkeit als Volkspark in Besitz genommen, und das ist bis heute so. Einheimische und Gäste sind nach Lust und Laune als Spaziergänger, Jogger, Skater, Rad- oder Skifahrer unterwegs. Von Ostern bis zum Herbst ist sogar Volldampf angesagt: Lok-Pfiffe und Schienengeräusche unterbrechen die idyllische Ruhe, Rauchwolken steigen zwischen Baumkronen auf. Die Parkeisenbahn mit den Dampflokomotiven Lisa und Moritz auf 381 Millimetern Spurweite lädt zur halbstündigen Rundfahrt ein. Der Fahrbetrieb wird seit mehr als 60 Jahren von bahnbegeisterten Kindern und Jugendlichen in ihrer Freizeit geleistet. Lediglich Lokführer und Bahnhofsleiter sind Erwachsene.

Raum für Träume

Erich Kästner träumte als junger Mann davon, in einem der Kavaliershäuser nahe beim Palais zu wohnen. In seinen Erinnerungen an seine Geburtsstadt Dresden *Als ich ein kleiner Junge war* schreibt er: »In einem davon würdest du fürs Leben gerne wohnen! Womöglich wirst du eines Tages berühmt, und dann kommt der Bürgermeister mit seiner goldenen Kette um den Hals und schenkt es dir im Namen der Stadt. Da wäre ich dann also mit meiner Bibliothek eingezogen. Morgens hätte ich im Palaiscafé gefrühstückt und die Schwäne gefüttert. Anschließend wäre ich durch die alten Alleen, den blühenden Rhododendronhain und rund um den Carolasee spaziert. Später wäre ich, nur eben um die Ecke, in den Zoo gegangen. Und nachts hätte ich, wieder bei offenem Fenster, herrlich geschlafen. Als einziger Mensch in dem großen, alten Park.« Der Wunsch wurde ihm nicht erfüllt, aber seinem

Künstlerkollegen, dem Maler Oskar Kokoschka (1886–1980). Auch heute sind diese Häuschen sehr begehrt.
Ein Bett braucht man nicht, um rund um die Uhr diesen Lieblingsort genießen zu können. Er hat keine Sperrstunde und bietet Vielfalt: vom ersten Vogelgezwitscher bis zu abendlichen Rockklängen auf einer der drei im satten Grün versteckten Open-Air-Bühnen. Der sommerliche Gondelteich Carolasee wird bei knackigen Minusgraden zur Eislauffläche. In Gartenwirtschaften, wie den nachgebauten klassizistischen Torhäusern am westlichen Haupteingang, und im Restaurant mit Seeblick kann der Kalorienspiegel wieder angehoben oder der Durst gestillt werden. Sogar an die tierischen Bewohner wird gedacht, denn so mancher, der mit Kinderwagen oder Rollator unterwegs ist, hat ein kleines Tütchen mit Futter für Enten und Eichhörnchen dabei. Vom Jugend-Öko-Haus schwirren junge Naturforscher aus, gehen mit allen fünf Sinnen auf Entdeckertour in Flora und Fauna.
Wer noch nicht genug Grün gesehen hat, dem sei der Botanische Garten am Nordwestrand empfohlen. Auf 3,25 Hektar wachsen rund 10 000 Pflanzenarten aus allen Kontinenten und Klimazonen. Diese Mini-Weltreise führt beispielsweise an der Victoria-Seerose vorbei, deren Blätter einen Durchmesser von über zwei Metern erreichen. Eine Besonderheit ist die einzigartige Sammlung von rund 800 Arten einjähriger Pflanzen, die vom Frühsommer bis in den Herbst durchgängig blühen.
Der Große Garten richtet sich nach dem Zeitbudget seiner Besucher. Er ist ein Park für einen ganzen Tag oder für eine kurze Auszeit zwischen zwei wichtigen Terminen.

TIERE ZUM ANFASSEN

Zum Glück leben heute mehr als 2000 Tiere in über 300 Arten im Zoo Dresden – und nicht nur Hühner. Es hätte anders kommen können, denn kurioserweise geht der viertälteste deutsche Zoo auf eine Anregung des Vereins für Hühnerzucht aus dem Jahr 1859 zurück. Der Tierbestand bietet eine faszinierende Reise durch alle Kontinente. Generationen von Dresdnern erfreuen sich an Orang-Utans, die drinnen und draußen ihre Späße treiben. Im Afrikahaus fühlen sich Elefanten wohl. Eine Savannenlandschaft bietet heimatlichen Lebensraum für Löwen. Hoch hinaus geht es im Giraffenhaus und tief hinunter bei den possierlichen Erdmännchen. Humboldt-Pinguine gleiten hinter großen Glasscheiben elegant durchs Wasser. Der fünfte Kontinent ist mit roten Riesenkängurus vertreten. Da Zootiere Ruhe brauchen, können Kinder auf sieben Spielplätzen toben. Im begehbaren Gehege warten Kamerunschaf und Minischwein auf Streicheleinheiten.

WEITERE INFORMATIONEN

Großer Garten: Hauptallee 5,
www.grosser-garten-dresden.de
Zoo Dresden: Tiergartenstraße 1,
01219 Dresden, Tel. 0351 478060,
www.zoo-dresden.de

29 asisi Panometer Dresden – rundum staunen

Atemberaubendes 360°-Panorama der barocken Residenzstadt

Wir können den heutigen Morgen kein zweites Mal erleben. Auf beeindruckende Weise ermöglicht der Künstler Yadegar Asisi aber eine Zeitreise rund 300 Jahre zurück ins barocke Dresden. Als Architekt der Illusionen lässt er Träume wahr werden unter dem Motto »Die Zeichnung ist gefrorene Zeit«.

Zwischen Großem Garten und Pferderennbahn zeugen ehemalige Gasspeicher vom industriellen Aufschwung ab 1880. Der größere erinnert ans Kolosseum in Rom, gut durchlüftet und regenoffen. Der kleinere, vom Semper-Schüler Theodor Friedrich (1829–1891) gebaut, wurde 2006 von einem »Prinzen« mit persischen Wurzeln aus dem Dornröschenschlaf wachgeküsst. Schon als Architekturstudent an der TU Dresden fragte sich Yadegar Asisi, wie die Stadt im 18. Jahrhundert wohl wirklich aussah, denn verhältnismäßig wenige Originalgebäude oder daran orientierte Nachbauten existieren noch. 30 Jahre später fand er die perfekte Lösung: das weltgrößte 360°-Panoramabild als seine spezielle Liebeserklärung an Barockdresden im bis dahin leer stehenden Gasspeicher im Stadtteil Reick.

Panorama und Gasometer – Panometer

Asisi verdichtet das Augusteische Zeitalter zwischen 1695 und 1760 zu einer künstlerischen Momentaufnahme mit ungewöhnlicher Detailgenauigkeit. Das Rundbild mit 107 Metern Länge und 27 Metern Höhe entfaltet die architektonische Pracht der Residenzstadt und den Geruch der Epoche. Porzellan-Erfinder Böttger, Dresden-Liebhaber Zar Peter I. oder Hofnarr Fröhlich mit seinem Schweinekarren lassen Geschichte(n) erlebbar werden. Kommt im Stallhof nicht gerade die »Sixtinische Madonna« auf einem Pferdefuhrwerk aus Italien an? Langsam legt sich die Nacht über die Stadt. Prächtige Feuerwerke bieten glanzvolle Eindrücke. Was geschieht hinter den beleuchteten Fenstern? Dann zwitschern Vögel. Ein neuer Tag mit buntem Treiben beginnt. Von der 15 Meter hohen Besucherplattform schweift der Blick mit dem Fernglas über den vergessenen Alltag der Bürger, Handwerker, Sänftenträger, Treidler, Markt- und Waschfrauen. Mittendrin im Leben – und doch in einem Kunstwerk, das aus Zeichnung, Malerei und Fotografie am Computer komponiert und im Sauerland auf Stoff gedruckt wurde.
www.asisi.de

Beim Aufstieg auf den Turm (oben), der auch die Beleuchtung für den Tag-Nacht-Wechsel trägt, verändert sich von Etage zu Etage die Perspektive. Auf 15 Metern Höhe eröffnet sich dem Besucher von der Aussichtsplattform (unten) das fantastische Panorama der Barockstadt Dresden im 18. Jahrhundert.

30 Dresdner Heide – der geräumige Stadtwald

Viel Grün für Spaziergänger, Radfahrer und Reiter

Per Straßenbahn fährt man in den Wald und mit dem Bus wieder nach Hause. Dazwischen genießt man einen halben Tag voller Naturerlebnisse. Welche Großstadt kann das bieten? Nur Dresden, denn rund 20 Prozent der Fläche sind zusammenhängender Mischwald mit bester Verkehrsanbindung.

Wer das System erkannt hat, kann sich in der Dresdner Heide nicht verirren, obwohl sie 50 Quadratkilometer groß ist, was 7000 Fußballfeldern entspricht. Schon im Mittelalter wurden Rennsteig, Bischofsweg oder Diebsteig angelegt, später hat man sie mit Symbolen oder Buchstaben markiert. 124 rote und 270 schwarze Waldzeichen gibt es noch. Ihre fantasievolle Malweise führte im Volk zu Bezeichnungen wie »Hämmerchen«, »Fensterchen«, »Gänsefuß«, »Gabel«, »Kannenhenkel« oder »Kuhschwanz«.

Im 16. Jahrhundert ließ Kurfürst August ein strahlenförmiges Netz von Flügelwegen anlegen. »Alte Eins« bis »Alte Acht« gehen noch heute vom Dresdner Saugarten ab. 1832 kam die rasterförmige Unterteilung von Forstmeister Heinrich Cotta dazu. Die Flügel A bis H verlaufen von Südwest nach Nordost im Abstand von 860 Metern, die Schneisen 1 bis 20 quer dazu in einer Entfernung von 430 Metern. Die Orientierung ist einfach, wie in einem Wald vom Reißbrett, aber trotzdem ist man ganz in der Natur.

Die Pilzsuche kann schnell vom Hauptweg ins dunkle Dickicht locken. Beim Beobachten von Fröschen, Ringelnattern oder Eidechsen findet man sich auf steilen Pfaden voller Wurzeln, Steinen und Sand wieder. Abstecher entführen zu Silbersee, Höllenbornteich, Stechgrundbach oder Prießnitz-Wasserfall. Und was macht einen Saugarten so berühmt, dass es gleich mehrere davon gibt? Wenn all das erkundet ist, dann wird es Zeit für ein Picknick aus dem Rucksack. Noch besser ist eine Einkehr in der »Heidemühle«, in der »Haidemühle« oder im »Fischhaus«.

Ein Blick nach oben zeigt, dass sich Kiefern, Fichten, Rotbuchen und Stieleichen besonders wohlfühlen. Ulmen, Ahorne und Weißtannen gesellen sich in letzter Zeit neu dazu. Wer sich in eine Nadelbaum-Schönheit verliebt hat, der hat Chancen auf ein Wiedersehen im heimischen Wohnzimmer. Der Forst bietet in der Vorweihnachtszeit zu bestimmten Terminen das Selbst-Sägen an.

www.einkehr-heidemuehle.de, www.haidemuehle.com, www.fischhaus.de

Das bedeutendste Naherholungsgebiet der Stadt ist die Dresdner Heide. Der gesunde Mischwald zieht nicht nur im Herbst mit seiner Laubfärbung (oben), sondern zu allen Jahreszeiten die Naturliebhaber an. Die Wild- und Speisegaststätte »Einkehr an der Heidemühle« (unten) ist eine von verschiedenen Möglichkeiten für eine kleine Pause.

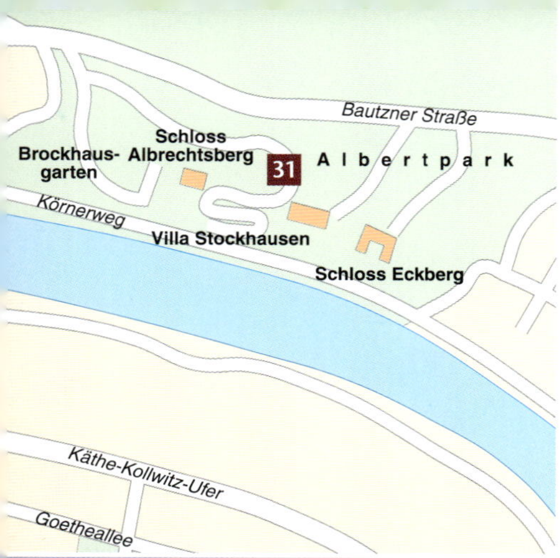

Das Lingnerschloss (oben) in voller Schönheit mit den darunterliegenden Weinterrassen. Auf der Elbe ist immer etwas los: Mal begegnen sich Frachtschiff und Floß (unten), mal schaut die Motorbootbesatzung hoch zu Schloss Eckberg (rechts). Am linken Bildrand etwas erhöht über dem Elberadweg steht das Mausoleum von Karl August Lingner.

31 Elbschlösser – drei absolute Höhepunkte über dem Fluss

Interessante Herren hatten ihre Hände im Spiel

Schlösser und Schlösschen gibt es einige in Dresden. Deshalb ist die genaue Bezeichnung wichtig, und fürs Navi die exakte Adresse. Wenn es heißt »Sie haben Ihr Ziel erreicht«, sind es meist noch einige Meter zu Fuß durch großzügige Parkanlagen. Etwas versteckt hinter alten Bäumen oder dominant aufragend zeigen sich die Schönen. Der krönende Abschluss ist der unvergessliche Blick ins Elbtal.

Wer die drei Residenzen miteinander vergleichen möchte, der sollte es sich auf den Wiesen der anderen Flussseite gemütlich machen. Ein Fernglas wäre von Vorteil, ein Gläschen Wein oder ein Stück Eierschecke könnten nicht schaden.

Schöne Lage und gesunde Zähne

Da ist rechts das Schloss Eckberg, das anfänglich so gar nicht ins Elbtal passte. Es könnte bei Rosamunde Pilcher mitspielen, denn es ist im Tudorstil für den Großkaufmann John Daniel Souchay errichtet worden. Mittlerweile fügt es sich mit seinem 25 Meter hohen Turm und seinem ausgedehnten Landschaftspark gut ein, ist nicht mehr wegzudenken. Ottomar Heinsius von Mayenburg kaufte es 1926, weil er mittlerweile über das nötige Kleingeld dazu verfügte. Er hatte vorher auf dem Dachboden seiner Löwenapotheke am Altmarkt mit Zahnpulver, Mundwasser und ätherischen Ölen experimentiert und die weiche Masse in eine Tube gepresst. Mayenburg ist der Erfinder der Chlorodont-Zahnpasta, die von den Dresdner Leo-Werken aus Europa eroberte. Die heutigen Hotelgäste können die hiesige Erfindung leider nicht mehr nutzen.

Eine historische Weinbergtreppe mit 258 Stufen führt vom Körnerweg zum Lingnerschloss, das 1850 als zweitürmige Villa Stockhausen für den Kammerherrn des preußischen Prinzen Albrecht errichtet wurde, der noch eine Rolle spielen wird. Wilhelm Kreis baute es rund 50 Jahre später zum Wohnsitz für Karl August Lingner (1861–1916) um. Auch Lingner hatte sich der Mundhygiene gewidmet: Er stellte das Odol-Mundwasser her. Er war ein großer Marketingstratege, der sich heute bestens behaupten würde. Lingner schickte Studenten ins Erzgebirge, die in Apotheken und Drogerien dieses Mundwasser kaufen sollten. Die künstlich erzeugte Nachfrage führte dazu, dass die Apotheker und Drogisten die blau-weißen Flaschen mit dem markanten Ausguss-Knick bestellten. Schon hatte er sein Produkt auf

Schloss Eckberg (oben) liegt verträumt im Landschaftspark eingebettet. Der Raddampfer »Diesbar« (unten), der Einzige, der noch mit Kohle befeuert wird, vor der Saloppe, einem ehemaligen Wasserwerk. Die Schlössernacht, das ausgelassene Sommervergnügen (rechte Seite oben), wird am Abend perfekt mit Licht und Farben verzaubert (rechte Seite unten).

dem Markt etabliert. Es war unverwechselbar, wurde zum Botschafter einer neuen, gesundheitsbewussten Zeit und eine der bedeutendsten deutschen Designschöpfungen.
Lingner war auch ein sehr sozial denkender Mensch. 1911 organisierte er die 1. Internationale Hygieneausstellung in Dresden, ein Paradebeispiel für Vernetzung. Wissensvermittlung über Gesundheitspflege wurde im großen Stil mit Unterhaltung gekoppelt. In nur sechs Monaten, von Mai bis Oktober, zog sie sensationelle 5,5 Millionen Besucher an. Auf Lingner und seine Stiftung geht das Deutsche Hygiene-Museum zurück.

Vom Rückenkratzerproduzenten zum Millionär

Lingner vermachte in seinem Testament seinen letzten Wohnsitz mit dem großzügig angelegten Park der Stadt und verfügte zur weiteren Nutzung: »... zum Besten der Bevölkerung von Dresden und Umgebung ... aber kein Etablissement für nur reiche Leute«. Zu DDR-Zeiten war das Haus trotzdem nicht öffentlich, es war der sogenannte »Club der Intelligenz«, in dem sich Wissenschaftler und Künstler trafen. Der normale Arbeiter durfte im Arbeiter- und Bauernstaat nicht hinein. Heute ist es offen für alle, aber die Preise sind der traumhaften Lage angepasst. Sogar direkt im Weinberg laden Korbsessel und Liegestühle ein zum hauseigenen Aperitif »Karl«. Ein sehr aktiver Förderverein hat rund 10 Millionen Euro zusammengetragen. An diesem Engagement für bürgerschaftlichen Denkmalschutz hätte Lingner seine Freude, und so scheint es, dass er manchmal im Turm, im Speisezimmer oder im Weinkeller nachschaut, wie weit die Pläne schon umgesetzt sind.
Wer war dieser Karl August Lingner, der aus dem Nichts kam? Er wäre gern Musiker geworden, spielte beneidenswert auf seiner Jehmlich-Orgel und ließ Richard Strauss und Enrico Caruso an diesem Kunstgenuss teilhaben. Den Namen Odol erfand er aus *odou* (griechisch für Zahn) und *oleum* (lateinisch für Öl). Er hinterließ in Dresden deutliche Spuren, die der zwölf Kilometer lange Lingner-Weg verfolgt, der auch sein Mausoleum an seinem Lieblingsplatz einbindet, ein monumentales drei Meter hohes ovales Grabmal mit trauernden Mädchenfiguren in langen Gewändern an den Wänden.
Ganz links erhebt sich im Stil römischer Renaissance-Villen Schloss Albrechtsberg, nach Plänen vom Schinkel-Schüler Adolf Lohse (1807–1867) gebaut, umgeben von einem gestalteten Landschaftspark. Auf geschwungenen Wegen geht es über Brücken und ein Viadukt, vorbei an künstlich angelegten Teichen, Felsen und einem Wasserfall. Prinz Albrecht von Preußen (1809–1872) hatte unstandesgemäß die Hofdame Rosalie von Rauch (1820–1879) geheiratet. Er musste seinen Wohnsitz verlegen, um mit seiner Gemahlin, die nun Gräfin von Hohenau hieß, zusammenleben zu können. Obwohl Preußen und Sachsen nicht immer die besten Freunde waren, hat er dieses schöne Stückchen Land für sein repräsentatives Schloss ausgewählt, das seit 1925 der Stadt Dresden gehört. Ab 1951 entstand ein Pionierpalast nach sowjetischem Vorbild, in dem Kinder und Jugendliche ihre Freizeit in Arbeitsgemein-

schaften verbrachten. Heute bilden Festsaal und Salons den edlen Rahmen für Konferenzen, Konzerte oder Eheschließungen – praktisch betreut durch die Hotel- und Gastronomieschule, die hier den Nachwuchs für den sächsischen Tourismus ausbildet.

Zukunft und Vergangenheit

Das Römische Bad, direkt unterhalb des Schlosses in den Park eingebunden, ist zurzeit nicht empfangsbereit für menschliche Besucher und bietet nur Vögeln und Fledermäusen ein ungestörtes Zuhause zwischen den Säulen der Kolonnaden. Im Becken befindet sich kein Wasser, keine Fontäne, die vom Bach aus der nahen Heide gespeist wird. Hier wäre ein plastischer Chirurg nötig, der die alte Schönheit wieder herzaubert. Möglich wäre es und notwendig auf alle Fälle.

Zu gewissen Zeiten sprach man geheimnisvoll von vier Elbschlössern. Gemeint war die von einer massiven Mauer umgebene Zentrale der Staatssicherheit an der Bautzner Straße. Sie sah vom Tal wie eine uneinnehmbare Burg aus, fiel jedoch am 5. Dezember 1989 ziemlich unerwartet: Demonstranten besetzten die Gebäude und die Untersuchungshaftanstalt. Ohne Gewaltanwendung wurde ein wichtiger Schritt zur Entmachtung der Staatssicherheit und zum Sturz der SED-Führung getan. Dieser Ort hat viel von seiner Authentizität, und ist heute Gedenkstätte an die friedliche Revolution von 1989. Im Hafthaus und in Verhörzimmern wurde bisher an die Opfer erinnert. Neu sind Einblicke in den Bereich der Täter. Der Versammlungssaal wurde denkmalgerecht saniert, original ausgestattete Verwaltungszimmer sind geöffnet.

PERFEKTE SOMMERROMANZE

Im Juli verwandeln sich die 32 Hektar Parklandschaft der Albrechtsschlösser für einen Abend und eine Nacht in eine stimmungsvolle Open-Air-Bühne für die Dresdner Schlössernacht. Die Schlössernacht lädt zum Flanieren und Genießen ein. Man kann im Abendkleid kommen oder in Jeans, man kann Austern schlürfen oder Rostbratwurst essen. Auf zahlreichen Bühnen wird jede Menge Show geboten, und Solisten überraschen an lauschigen Plätzen im Park. Die Albrechtsburg selbst wird zur Leinwand für bewegte Bilder. Illuminationskünstler erzeugen für zehn Minuten farbige Gänsehaut mit herabstürzenden Wasserfällen oder Mauern, die in Staub zerfallen, mit flatternden Schmetterlingen und aus dem Zoo entlaufenen Giraffen.

WEITERE INFORMATIONEN

Elbschlösser: www.schloss-eckberg.de, www.lingnerschloss.de, www.schloss-albrechtsberg.de
Dresdner Schlössernacht: www.dresdner-schloessernacht.de

32 Blasewitz – das Nobelviertel von einst und heute wieder

Gustel erlebte kein Blaues Wunder

Die 22-jährige Johanne Justine Segedin soll Friedrich Schiller den Kopf verdreht haben, als sie im Lokal ihrer Eltern, der »Fleischerschen Schenke«, die Gäste bediente. Was wirklich war, wissen nur die beiden. Sie heiratete den Advokaten und späteren Senator Renner. Schiller verewigte sie im »Wallenstein« als Marketenderin im Ausruf eines Jägers: »Was? Der Blitz! Das ist ja die Gustel aus Blasewitz!«

Aus der »Fleischerschen Schenke« ist der »SchillerGarten« geworden, ein beliebtes Restaurant mit großem Biergarten direkt an der Elbe. Eine Statue hoch oben am Rathaus von Blasewitz, dem heutigen Ortsamt, erinnert an die kleine Liebelei mit literarischer Auswirkung. Als die beiden ihr Techtelmechtel hatten, wurde die Elbe noch per Fähre überquert.

Stahlwunder in Blau

Seit 1893 verbindet die Loschwitzer Brücke, wie sie offiziell heißt, Blasewitz mit dem anderen Ufer. Bekannt ist sie unter dem Namen »Blaues Wunder«. Blau ist die Farbe, und Wunder gibt es mehrere: Sie war die erste Stahlfachwerkkonstruktion ohne Pfeiler im Fluss, sondern nur auf den Ufern mit einem Abstand von 142 Metern. Vor der Freigabe wurden Belastungstests mit schwerem Gerät, einer Schützenkompanie im Gleichschritt und beladenen Pferdefuhrwerken durchgeführt. Böse Zungen behaupten, dass in den Gespannen nur Schwiegermütter saßen. Die Brücke hat gehalten – das erste Wunder. Im Zweiten Weltkrieg wurde sie nicht zerstört. Die Wehrmacht wollte sie sprengen, kurz bevor am 8. Mai 1945 die Rote Armee einmarschierte. Zwei mutige Dresdner schnitten unabhängig voneinander die Sprengschnüre durch – ein weiteres Wunder. Rund 380 000 Tonnen Stahl wurden bei diesem technischen Wunderwerk verbaut. Die Nieten allein wiegen etwa 900 Tonnen. Von der Brücke hat man einen wunderbaren Blick ins Elbtal und zum 252 Meter hohen Fernsehturm in Wachwitz. Er ist dafür zuständig, dass Dresden »Tal der Ahnungslosen« genannt wurde, denn das Westfernsehen lag an, wurde aber nicht ins Elbtal abgestrahlt. Bei nur zwei DDR-Fernsehprogrammen war der Informationsgehalt sehr mäßig. Restaurant und Aussichtsplattform sind seit 1991 leider geschlossen. Offen und sehr beliebt ist das »Café Toscana«. Die Grande Dame der Dresdener Kaffeehauslandschaft erstrahlt direkt neben dem »Blauen Wun-

Verkehr über und auf der Elbe: Radfahrer auf dem Blauen Wunder (oben), vom Salonschiff mit seinem Sonnendeck eröffnet sich ein unvergessliches Panorama (unten). Bester Ausblick und beste Versorgung im Biergarten des »Schillergartens« (rechte Seite unten). Eingang zu diesem geschichtsträchtigen Restaurant (rechte Seite oben).

der« in alter Schönheit und lädt zum Genießen von Süßem ein, wofür die Sachsen ja bekannt sind.

Villen zum Wohnen und zum Heiraten

Blasewitz, das Dorf hinter dem Tännicht, erlebte im 19. Jahrhundert eine rasante Entwicklung zum beliebten Rückzugsort der Reichen und Einflussreichen aus der Stadt Dresden. Innerhalb weniger Jahrzehnte entstand ein Vorort mit Villen, die den Repräsentationsanspruch der Bauherren und die Formenvielfalt der Baumeister widerspiegeln. Umgeben von gepflegten Parklagen hat jede Villa ihre spezielle Geschichte. Einige werden öffentlich genutzt, wie das beliebteste Standesamt. Es steht am Ende einer Sackgasse. Da stellt sich die Frage, ob der Weg zum Standesamt generell in die Sackgasse führt? Wer abergläubisch ist, sollte sich anders entscheiden, schließlich bietet Dresden standesamtliche Vielfalt. Heiraten kann man auf einem historischen Raddampfer, in zwei Schlössern, im Fußballstadion oder im Kulturrathaus im Barockviertel.

Wer sich dennoch für die Villa Weigang in der Goetheallee 55 entscheidet, hat eine sehr gute Wahl getroffen. Das Gebäude ist ein kleines Märchenschloss: außen floraler Putz mit Früchten und Ranken sowie eine Freitreppe, innen Stuckdecken, Kronleuchter und Buntglasfenster. Der gepflegte Garten mit Wasserspiel unter mächtigen Bäumen ist die perfekte Fotokulisse. Im Fenster über der Treppe steht der Spruch »Beatus Ille Qui Procul Negotis« – »Glücklich, wer fern von den Geschäften weilt«. Ein gutes Motto für junge Eheleute. Ursprünglich meinte der Besitzer, der Kommerzienrat und Druckereibesitzer Otto Weigang, dass dieser Sommersitz ihn glücklich mache, weil er fern seines Wirkungsortes Bautzen lag.

SCHAULAUFEN DER SCHÖNEN

Die Rundtour »Blaues Wunder« – Loschwitzer Straße – Waldpark – Goetheallee – »Blaues Wunder« bietet vier Kilometer bestes Blasewitz. Keine Villa gleicht der anderen: unregelmäßige Grundrisse, Türmchen, Erker, Giebel, Balkons, Portale, Fachwerk, Sandstein, Klinker, Zierziegel, Bleiglasfenster, Freitreppen, Skulpturen. Jeder Garten ist einzigartig: schmiedeeiserne Zäune, hölzerne Pavillons, farbenfrohe Rhododendren. Bauregeln gaben das Raster vor, ließen aber Freiraum. Bauherren, Architekten und Gartengestalter nutzten ihn fantasievoll und schufen eines der schönsten Stadtareale. Heute sind die Villen in bestem Zustand, weil mit der Wende Geld, Material und das Bewusstsein kamen, dass Gründerzeitgebäude erhaltenswertes Kulturgut sind. Die prachtvolle Vielfalt darf man nicht verpassen. Für vier Kilometer braucht man drei Stunden, weil die Details viel Zeit zum Staunen erfordern. Keine Gartenmauer verhindert das Hineinschauen.

WEITERE INFORMATIONEN

SchillerGarten: Schillerplatz 9, 01309 Dresden, Tel. 0351 811990, www.schillergarten.de
Café Toscana: Schillerplatz 7, www.cafe-eisold.de

LEIPZIG
DRESDEN
D

Raddampfer und Flusskreuzfahrtschiff begegnen sich am »Blauen Wunder«.

Die Bergstation der weltältesten Schwebeseilbahn (oben) in Oberloschwitz mit Panoramaplattform und die Talstation nahe der Loschwitzer Kirche (unten). Gern schauen Touristen in die »Kunststube« am Körnerplatz (rechts). Das »Leonhardi-Museum« (rechte Seite unten) ist außen und innen sehenswert, genauso wie das »Schillerhäuschen« (rechte Seite oben).

33 Loschwitz – Hanglage schafft Abwechslung

Vom Weindorf zu einem der Wohnlieblinge

Am letzten Wochenende im Juni werden die sieben Kilometer zwischen Loschwitz und Pillnitz zur Festmeile: Dann ist Elbhangfest. Die Schönheit der Landschaft wird mit Musik, Tanz, Theater, Lesungen, Ausstellungen, Puppenspiel, Schmaus und Trank veredelt. Der Rest der Welt ist auf Dorfplätze, in Parks, private Gärten und Villen, ans Elbufer und auf die Hänge eingeladen.

Das Elbhangfest ist aus Benefizveranstaltungen zur Rettung der Loschwitzer Kirche und der Pillnitzer Weinbergkirche hervorgegangen. Ihre Schöpfer wurden ins Gedächtnis gerufen, und so hieß das Festmotto 1991 »Von Bähr zu Pöppelmann«. Die damaligen Ziele sind längst erreicht, doch das Bürgerfest mit jährlich wechselnden Themen und einem großen Festumzug ist geblieben.

Von oben genießen

Die Loschwitzer Kirche, die 1945 ausgebrannt war, konnte dank vieler Spenden originalgetreu wiederaufgebaut werden. Sie ist seit der Weihe zum Erntedankfest 1994 wieder ein Schmuckstück. George Bähr hat mit seinem Entwurf ein weiteres Gesellenstück geliefert, bevor er sein Meisterwerk, die Frauenkirche, in Angriff nahm. Die offene Kirche lädt ein, und wer eintritt, findet einen ganz besonderen Altar: Der Nosseni-Altar aus der abgerissenen Sophienkirche hat hier seinen würdigen Platz.

Wer will, kann die Kirche auch von oben anschauen, ihr steiles, ziegelgedecktes, rotes Mansarddach und den schieferverkleideten Turm mit Haube. Diese Draufsicht ist von der ältesten Bergschwebebahn der Welt möglich, deren Talstation sich nebenan befindet. Seit 1901 bringt sie bis zu 40 Fahrgäste in vier Minuten zur Schönen Aussicht in Oberloschwitz. Die Bergbahn ist nicht nur ein touristisches Kleinod, sondern ein Beispiel deutscher Ingenieurskunst im täglichen

reibungslosen Einsatz. Die kleine Technikausstellung im Maschinenhaus der Bergstation erläutert anschaulich das Prinzip der Einschienen-Hängebahn des Kölner Ingenieurs Eugen Langen.
Von der Aussichtsplattform bietet sich ein grandioses Stadtpanorama. Auch ganz in der Nähe wird man optisch fündig: prächtige Villen und blühende Gärten. Loschwitz ist eine besonders bevorzugte Wohnlage. Mitte des 19. Jahrhunderts wurden immer mehr sonnige Weinberge parzelliert und mit Sommerhäusern oder villenartigen Landhäusern für wohlhabende Adlige, Stadtprominenz und Künstler bebaut. Mit der Reblaus kam 1887 der früher wichtigste Erwerbszweig endgültig zum Erliegen. Heute erinnern nur noch wenige Winzerhäuschen, alte Weinbergmauern, Treppen und Weinspaliere an einigen Häusern an die einstige Bestimmung. Erfrischend neues Wohnen ist auch im Kommen und tritt in Blickkontakt mit Alteingesessenem: klare Grundrisse, interessante Dachlandschaften, viel Glas.

Haus der Kunst und Künstler

Aus der Hentschelmühle in der Grundstraße entstand 1884 ein Museum. Es ist nach seinem Stifter, dem spätromantischen Landschaftsmaler Eduard Leonhardi (1828–1905), benannt. Er war Meisterschüler bei Ludwig Richter (1803–1884), der mit einem Gedenkstein geehrt wird. Wegen des ungewöhnlichen Fassadenschmucks mit vielen Sprüchen bekam das Fachwerkhaus aus einer Laune heraus den Namen »Rote Amsel«. Es diente als Atelier und Ausstellungsort, besonders für junge Künstler. Das Haus bot für Maler, Grafiker, Bildhauer und Fotografen der DDR gewissen Freiraum. Auch heute ist das Museum dem künstlerischen Vermächtnis Leonhardis verbunden und zeigt als städtische Galerie in Wechselausstellungen zeitgenössische Kunst, vervollständigt durch eine umfangreiche Sammlung der Leonhardi-Bilder.
Altloschwitz, zwischen Körnerplatz und Elbe, ist das eigentliche Herz des Viertels mit eng stehenden Fachwerkhäuschen. Hier laden winzige Läden mit Kunst oder Süßem und Biergärten an der Elbe ein, und auch der besinnliche, fast familiäre Elbhang-Weihnachtsmarkt findet hier statt. Sogar ein Blick von oben ist möglich, denn der Schlauchturm der Alten Feuerwache ist zur Aussicht freigegeben.

MUSEUM MIT FRAGEN UND ANTWORTEN

Ein Zimmer und Fenster in alle Richtungen – das soll ein Museum sein? Das Schillerhäuschen ist ein kleiner gelber Würfel mit rotem Dach. War Friedrich Schiller zwischen 1785 und 1787 hier? Belegt ist es nicht. Vielleicht traf er seinen Freund und Unterstützer Christian Gottfried Körner im Haupthaus des Sommersitzes oder in der Stadtwohnung. Ist hier die »Ode An die Freude« vollendet worden? Was wissen die liebevoll zusammengestellten Gegenstände darüber? Umfassende Antwort auf alle Fragen geben die engagierten Museumskräfte, aber nur von Karfreitag bis Ende September, nur samstags und sonntags zwischen 10 und 17 Uhr, denn das Schillerhäuschen wird ehrenamtlich über die Bürgerstiftung Dresden betreut. Auf der anderen Straßenseite lädt das Schiller-Körner-Denkmal mit seinen figürlichen Abschiedsszenen zum Nachdenken ein.

WEITERE INFORMATIONEN

Schillerhäuschen: Schillerstraße 19, 01326 Dresden, Tel. 0351 31 58 10, www.stadtmuseum-dresden.de/schillerhaeuschen
Leonhardi-Museum: Grundstraße 26, 01326 Dresden, Tel. 0351 268 35 13, www.leonhardi-museum.de

34 Weißer Hirsch – vom Kurort zum Villenviertel

Vielfalt zwischen Luisenhof und Parkhotel neu entdecken

Mit Uwe Tellkamps Roman *Der Turm* über die letzten Jahre der DDR wurde der Stadtteil Weißer Hirsch ab 2008 wieder zum besonderen Reiseziel. Vor rund 100 Jahren war es ähnlich, weil Heinrich Lahmann zur Natur-Kur rief. In beiden Fällen stehen bestimmte Häuser und charismatische Menschen im Mittelpunkt. Was kann man davon heute entdecken, und wohin geht der Hirsch?

Das ehemalige Lahmann-Sanatorium (oben) wird saniert und zur modernen Wohnanlage erweitert. Der Weiße Hirsch (rechts) als Fassadenschmuck in der Bautzner Landstraße, Haltestelle Plattleite. Von der Elbe bietet sich ein herrlicher Blick auf die Höhenzüge (rechte Seite unten). Die Villa San Remo (rechte Seite oben) spielt auch im Roman *Der Turm* mit.

Der Name geht zurück auf die Schänke »Zum Weißen Hirsch«, die ab 1685 Quartier für Durchreisende bot. Aus der Landgemeinde wurde ein städtisches Ausflugsziel. Theodor Lehnert legte mit dem Fridabad für kränkelnde Menschen den Grundstein zum Kurort. Den Durchbruch schaffte der Arzt Heinrich Lahmann (1860–1905) mit seinem Sanatorium, in dem er klassische Schulmedizin mit Naturheilkunde verband. Seine Therapie aus Bewegung, Luft, Ernährung und Unterhaltung zog Gäste aus aller Welt an. Läden, Cafés und Villen entstanden, und der Weiße Hirsch wurde zur beliebten Wohngegend, die nach der Zwangseingemeindung 1921 Dresden-Kurort Weißer Hirsch hieß. In den goldenen 1920er-Jahren kamen eine Heilquelle, ein Schwimmbad und ein Golfplatz hinzu, und auch Künstler fühlten sich hier wohl.

Lahmann lebt

Während die Sanatorien vor und auch nach 1990 langsam verfielen, zogen in die Villen Künstler und Wissenschaftler, insbesondere auch wegen der Ansiedlung des Ardenne-Forschungsinstituts. In den letzten 25 Jahren erhielten die Villen, viele davon im Schweizer-Haus-Stil, durch Sanierung ihren alten Glanz zurück. Die historischen Sanatoriumsgebäude werden endlich zu Wohnungen ausgebaut, und sicher binden die neuen Bewohner auch die Lahmannsche Philosophie »Natura sanat – die Natur heilt« in ihr Leben ein.

Ein Rundgang über den Hirsch bietet Abwechslung. Der beste Startpunkt ist die Standseilbahn am Körnerplatz, eine historische Bergbahn von 1895, etwas für Technikbegeisterte. Sie überwindet auf

einer Streckenlänge von einem halben Kilometer fast 100 Höhenmeter. Von der Ausflugsgaststätte »Luisenhof« bietet sich ein schöner Blick ins Elbtal. Danach kann die Entdeckungstour starten. Schon auf der Plattleite nehmen die Villen mit ihren asymmetrischen Formen, den Giebeln, Türmchen und liebevollen Details gefangen. Wer mag hier wohnen oder gelebt haben? Man hört vom Entertainer Gunter Emmerlich. Oder wie war das mit Generalfeldmarschall a. D. Friedrich Paulus, der in Stalingrad kapitulierte und nach der Haftentlassung seinen Lebensabend auf der Preußstraße verbrachte? Die Collenbuschstraße war für einige Jahre das Zuhause des dänischen Schriftstellers Martin Andersen Nexö.
Beim Bummel über den Waldfriedhof tauchen wieder Namen auf, die Geschichte geschrieben haben: Professor Manfred Baron von Ardenne etwa, Physiker mit vielfältigen Forschungsthemen in unterschiedlichen Gesellschaftssystemen und Ländern. Er hatte seine Hände im Spiel, als das Fernsehen erfunden wurde, war im Bereich Kernforschung tätig, hat sich um Krebsvorsorge bemüht und betrieb das einzige private Großforschungsinstitut der DDR. Und da ist Professor Hans Nadler, der sich nach dem Krieg erfolgreich für den Erhalt beschädigter Baudenkmäler einsetzte. Er starb 22 Tage vor der feierlichen Wiederweihe der Frauenkirche, deren Aufbau ihm sehr am Herzen lag.

Der neue, alte Hirsch

Warum steht da plötzlich ein chinesischer Pavillon? Er kam in Einzelteilen aus Shanghai, war der Beitrag des Chinesischen Kaiserreichs zur Internationalen Hygieneausstellung 1911 im Großen Garten. Danach fand er seinen Platz und seine Kurbestimmung als Lesecafé und Trinkhalle der Molkerei-Gebrüder Pfund. Ein Kurviertel hatte natürlich einen Konzertplatz, und es gibt ihn heute noch. Die Konzertmuschel ist sommerlicher und auch winterlicher Treff mit Kino, Musik, Theater und Gastronomie. Das Parkhotel hat zu alter Schönheit zurückgefunden mit seinem historischen Ballsaal, der legendären »Kakadu-Bar« und der exklusiven Diskothek »Blauer Salon«.

WAR DAS DIE DDR?

Uwe Tellkamp hat mit seinem preisgekrönten Roman *Der Turm* und der daraus entstandenen Verfilmung das Leben in der späten DDR aus einem speziellen Blickwinkel beschrieben. Wichtigster Schauplatz ist das Dresdner Villenviertel Weißer Hirsch. Auf der »Turmtour« nimmt Gästeführer Albrecht Hoch literarisch und geschichtlich Interessierte auf den Spuren des Erfolgsromans mit zu den Häusern mit märchenhaften Namen wie »Abendstern« und »Tausendaugenhaus«. Wie der Roman beginnt die Führung mit einer Seilbahnfahrt. Oben angekommen geht es um private Rückzugsräume, um Künstler-, Mediziner- und Forscherkreise, um Aktivitäten im kirchlichen Milieu. Und vielleicht auch darum, ob es den Geschmack aus jener Zeit noch gibt.

WEITERE INFORMATIONEN

Verschönerungsverein Weißer Hirsch: Bautzner Landstraße 7, 01324 Dresden, Tel. 0351 2666209, www.dresden-weisser-hirsch.de
Turmtour: Albrecht Hoch, Österreicher Straße 9, 01279 Dresden, Tel. 0351 2523580, www.hochtouren-dresden.de

Eingang zum Hof der Kirche »Maria am Wasser« (oben) und Blick auf ihren Turm (unten). Vor dem beliebten Hochzeitskirchlein die Elbfähre von Kleinzschachwitz nach Pillnitz, die einzige Dresdner Autofähre (rechte Seite unten). Der Stein an der Außenmauer erinnert an den Affen Schnuff (rechte Seite oben), der Carl Maria von Weber gehörte.

35 Hosterwitz – Geburtsort der romantischen Oper

Klein, aber fein zwischen Loschwitz und Pillnitz

Der Jägerbursche Max gerät aus Angst auf die schiefe Bahn, gießt Freikugeln für den Meisterschuss aus Liebe zu seiner Braut Agathe. Carl Maria von Weber hat dafür in Hosterwitz die richtige musikalische Umrahmung gefunden. Die heutige Antwort sind süße Freikugeln aus Marzipan, Pistazien und Nougat. Nur die siebente Kugel wird mit Chili und Ingwer hergestellt – von Konditormeisterin Kathrin Grafe.

Hosterwitz geht auf das slawische Wort *hostis* – Gast – zurück. Hier war Platz für Elbschiffer. Sie mussten an der nahen Furt ihre Kähne umladen, die dann von Treidlern, die man hier Bomätscher nannte, über die Untiefe gezogen wurden. So entstand die erste slawische Schiffersiedlung, der alte Ortskern um die Kirche ist noch zu erkennen. Die weitere Dorfgeschichte ist von sehr unterschiedlichen Ereignissen geprägt. Verrückte Geschäftsideen und schnelle Unternehmerwechsel verbindet man mit der Gegenwart, aber da kann das alte Hosterwitz gut mithalten.

Sandstein und Seidenraupen

Wo heute auf ausgedehnten Obstplantagen die Vitamine für den nächsten Winter gedeihen und wo das Wasserwerk das kostbare Nass für die Dresdner Bevölkerung aus der Elbe filtriert, befand sich einst das Plantagengut. Der kurfürstliche Hoffourier August Zenker baute um 1700 das große landwirtschaftliche Mustergut auf. 1745 erwarb es der italienische Hofbildhauer Lorenzo Mattielli (1687–1748). Er richtete seine Bildhauerwerkstatt ein, in der er viele seiner 78 aus Sandstein gehauenen Heiligenfiguren in doppelter Mannesgröße für die Dresdner Hofkirche schuf. Er hatte den perfekten Ort in der Mitte zwischen der Quelle des Cottaer Sandsteins und der Zielstätte gefunden. Das Rohmaterial und später die fertigen Skulpturen wurden per Schiff auf der Elbe transportiert. 1749 kaufte Heinrich Graf von Brühl (1700–1763) dieses Gut. Er betrieb drei Jahre lang eine Manufaktur für Schnupf- und Kautabak, damals eine gute Einnahmequelle. Die Landescommerzien-Deputation eröffnete 1755 eine Seidenmanufaktur mit Seidenraupenzucht auf 2500 Maulbeerbäumen – für das Elbtal etwas ziemlich Exotisches. Nächster Pächter des Hosterwitzer Gutes war ab 1801 Graf Marcolini, der Gartenbau betreiben ließ. Nach seinem Tod 1814 wurde der zusammenhängende Besitz aufgeteilt, und es entstanden Obstplantagen zum Erwerbsgartenbau. Die reizvolle Landschaft lockte auch

Städter zum Bau von Sommerhäusern. Obwohl Hosterwitz seit 1950 zu Dresden gehört, konnte es sein ländliches Bild bewahren, sogar mit einem Obsthof.

Landurlaub für den Hofkapellmeister

Im Frühling 1818 entdeckten Carl Maria von Weber (1786–1826) und seine Frau Caroline auf einem Spaziergang das Haus des Winzers Gottfried Felsner. Es wurde bis 1824 zur zeitweiligen idyllischen Familien-Sommerfrische. Von hier machte er erholsame Wanderungen durch den Keppgrund, hier empfing er Freunde, hier war er schöpferisch tätig. Große Teile der Opern »Der Freischütz« und »Euryanthe« sowie das Klavier-Rondo »Aufforderung zum Tanz« entstanden in diesem Haus.
1836 wurde die erste kleine Weber-Gedenkstätte eingerichtet. Die einzigen erhaltenen Wohnräume des Komponisten sind seit 1957 das Carl-Maria-von-Weber-Museum. Seine Urenkelin, Mathilde von Weber, übergab ihren umfangreichen Nachlass. So entstand ein lebendiges Bild über das Gesamtschaffen Carl Maria von Webers und besonders über seine glückliche Zeit inmitten von Weinbergen. Das Giebelzimmer im ersten Stockwerk, die Kompositionsstube, ist mit zeitgenössischem Mobiliar eingerichtet. Porträts von Familienmitgliedern schmücken die Wände. Originale, wie Webers Stimmgabel, sein Taktstock und sein Siegelring liegen in Vitrinen. Partituren, Notenmanuskripte und Tagebücher lassen Leben spüren. Liebevoll sind die letzten Briefe des Ehepaars Weber vor seinem unerwarteten Tod bei einem Aufenthalt in London. Die Museumsleiterin Dorothea Renz lädt auch zu Gartenkonzerten, Vorträgen und musikalisch-literarischen Veranstaltungen ein.

NAH AM WASSER GEBAUT

Ein barocker Dachreiter mit einer Turmzwiebel verleiht der Hosterwitzer Pfarrkirche Maria am Wasser, auch Schifferkirche genannt, ihr typisches Aussehen. Weil die Räuberbande um Lips Tullian das für den Bau gespendete Geld 1702 stahl, wäre daraus fast nichts geworden. Heute finden neben Gottesdiensten Orgelkonzerte mit bekannten Solisten statt. Sie ist auch eine sehr beliebte Hochzeitskirche. Der Kirchhof hat eine besondere Atmosphäre. Viele Mitglieder des kurfürstlichen Hofes und Pastoren der Kirchengemeinde ruhen unter Lebensbäumen, Eschen und Weiden. An den Silberpagen Christoph Ferdinand von Brandenstein, der 1788 in der Elbe ertrank, erinnert eine Säule mit einem weinenden Knaben. An der Außenmauer des Kirchhofs ist versteckt der sogenannte Schnuff-Stein. Carl Maria von Weber hatte sich aus Hamburg ein zahmes Kapuzineräffchen mitgebracht, das er Schnuff Weber nannte und das als Haustier für Aufsehen sorgte.

WEITERE INFORMATIONEN

Carl-Maria-von-Weber-Museum: Dresdner Straße 44, 01326 Dresden, Tel. 0351 2618234, www.stadtmuseum-dresden.de
Kirche Maria am Wasser: Kirchgasse 6, 01326 Dresden, Tel. 0351 2618330, www.maria-am-wasser.de

Der Schaufelraddampfer »Dresden« passiert die Schokoladenseite von Pillnitz, das Wasserpalais (oben). Die evangelische Weinbergkirche »Zum Heiligen Geist« (unten) trägt barocke Baukunst des Zwinger-Schöpfers Pöppelmann in die Weinberge. Das Bergpalais und der barocke Lustgarten (rechts) bilden eine sehenswerte Einheit.

36 Pillnitz – die ehemalige Sommerresidenz des sächsischen Hofes

Ein Schlosstraum an der Elbe und seine botanischen Schätze

Nur wenige Leute fahren mit dem Heißluftballon über Pillnitz, doch die sind zu beneiden: Von oben bietet sich ein unbeschreiblicher Gesamteindruck der Schloss- und Parkanlage. Die meisten Besucher kommen stattdessen mit dem Linienbus vom »Blauen Wunder«, mit dem Fahrrad auf dem Elberadweg, zu Fuß von der Fähre in Kleinzschachwitz, mit dem Auto aus Pirna – oder aber mit dem Raddampfer oder dem Salonschiff.

Nach 90 Minuten Dampferfahrt elbaufwärts wird der Fluss schmaler. Rechts liegt eine Insel, Naturschutzgebiet für mehr als 50 Vogelarten, was nur nebenbei Beachtung findet. Viel wichtiger ist der Blick nach links. Harmonisch eingefügt in die Elblandschaft fasziniert ein heiteres Wasserpalais mit geschwungenen Pagodendächern. Diesen Anblick genoss die Hofgesellschaft schon vor 250 Jahren, als sie auf fantasievoll gestalteten Booten aus dem Stadtschloss in die Sommerresidenz kam. Die weit geschwungene doppelläufige Treppe des Gondelhafens lädt zum Anlegen ein. Aber das Schiff fährt weiter. Ist das nicht Schloss Pillnitz, das heutige Ausflugsziel? Ja, noch einen Augenblick Geduld: Die Schaufelraddampfer sind ungeeignet für die barocke Anlegestelle. Im Park wird eine der Elbgondeln zu bewundern sein, die rote Tritonengondel, die damals die Reichen und Schönen zum Sommervergnügen brachte.

Beim Verlassen des Schiffes grüßt freundlich die barocke Weinbergkirche am Borsberg, die Zwinger-Schöpfer Pöppelmann als Ersatz für die abgebrochene Schlosskirche in die Weinberge zauberte. An Sommerwochenenden ist sie zur Besichtigung und stillen Einkehr geöffnet. Nach wenigen Schritten stromabwärts sind Park und Schloss Pillnitz erreicht. Ein Augenschmaus – und welch interessante Geschichte.

Ein Liebesnest mit kurzer Verweildauer

Johann Georg IV. (1668–1694), der ältere Bruder von August dem Starken, tauschte Lichtenwalde gegen das hiesige Renaissance-Schloss, um sich mit seiner Mätresse Sibylla von Neitschütz zu vergnügen. Die Pocken machten der Romanze schnell ein Ende: Die beiden starben kurz hintereinander. So erbte Friedrich August nicht nur die Kurfürstenwürde, sondern auch Pillnitz. Er fand schnell Verwendung. Er schenkte die Anlage 1707 seiner Favoritin Anna Constantia von Cosel. Sie liebte dieses Seitensprung-Schloss, ließ sieben Heckenquartiere nach französi-

Der Englische Pavillon (oben) ist ein Rundtempel nach römischem Vorbild. Nach der Hochzeit in der Katholischen Schlosskapelle (Mitte) folgt ein Spaziergang durch den Park (unten). Dabei können die Freitreppe am Wasserpalais (rechte Seite unten) und im Winter die älteste Kamelie Europas (rechte Seite oben) in voller Schönheit bewundert werden.

schem Vorbild anlegen und darin Schaukeln und Karussells zur Belustigung der Hofgesellschaft aufstellen. Ihren exakt in Form geschnittenen Hainbuchen verdanken sie den aus dem Französischen stammenden Namen Charmillen. 1912 erneuert, beherbergen sie heute Kübelpflanzen, Rosen, Azaleen, Rhododendren, Stauden und interessante Sommerausstellungen, die an die amourösen Barockversteckspiele erinnern.

Bedeutendste chinoise Schlossanlage Europas

Als die Gärtnerin aus Liebe in Ungnade fiel, wurde sie 1717 enteignet. Nun legte August der Starke richtig los, vergab den Bauauftrag für ein »indianisches« Schloss zur Repräsentation und Zerstreuung. Damit war orientalisch oder fernöstlich gemeint, was sehr in Mode war. Pöppelmann grübelte, setzte dann seine Vorstellungen von asiatischer Architektur um und traf genau ins Schwarze. Herausgekommen sind ein Wasserpalais und als spiegelbildliches Gegenstück ein Bergpalais. Barock und asiatische Elemente verschmelzen vorzüglich. Beim Einweihungsfest wurde etwas über die Stränge geschlagen: Drei Wochen imitierte der Hof mit bäurisch-derben Spielen das einfache Leben des Landvolkes.

1818 brannte das ehemalige Cosel-Glücks-Schloss ab. Christian Friedrich Schuricht (1753–1832) errichtete das Neue Palais. Sein klassizistischer Festsaal ist ein Unikat in der Region mit kuppelförmiger Kassettendecke und korinthischen Säulen.

Im heutigen Schlossmuseum werden die Fest- und Spielkultur des Barock sowie das sommerliche Hofleben lebendig. Im elbseitigen Küchenflügel lässt sich zwischen scharfen Messern und blankem Kupfergeschirr erahnen, wie 27 Köche an den Herden schwitzten, wenn große Diners angesagt waren. Die Katholische Kapelle berichtet über das religiöse Leben. Von außen ist sie sehr zurückhaltend und nur durch das goldene Kreuz auf dem Dach zu erkennen, doch drinnen sind Fresken des Hofmalers Carl Christian Vogel von Vogelstein (1788–1868) zu bewundern. Bei der Betrachtung der Szenen aus dem Leben Mariens muss man plötzlich lächeln: Bei Christi Geburt liegt ein Hund im Stall, das königliche Lieblingstier. Das Neue Palais umspannt mit seinen Seitenflügeln schützend den Fliederhof, wo japanischer Drehflieder, eine botanische Seltenheit, die Blicke auf sich zieht.

Da von der ursprünglichen Ausstattung fast nichts erhalten blieb, werden Berg- und Wasserpalais als Kunstgewerbemuseum genutzt. Fünf Jahrhunderte regionales und internationales Kunsthandwerk sind präsent. Von Spitzenleistungen der kurfürstlichen und königlichen Hofwerkstätten bis zum modernen Industriedesign dreht sich alles um Keramik, Glas, Metall, Leder, Textilien, Kacheln, Fliesen und Lackmöbel.

Die Schönste ist nicht die Größte

Die beiden Palais sind durch den barocken Lustgarten verbunden, der 1890 neu gestaltet wurde. Historische Muster waren Vorbild für farbenfrohe Pflanzenornamente, die mit der leichten Fontäne in der Mitte wunderbar harmonieren. Vom Frühjahr bis in den Herbst entsteht immer wieder neu eine Pracht aus Weiß, Gelb, Blau und Rot. Allerdings ist sie leicht vergänglich im Unterschied

zu den mächtigen alten Bäumen, die herübergrüßen. Die farnblättrige Rotbuche mit über 20 Metern Kronendurchmesser beobachtet schon seit 1870 das Treiben. Ihre höchsten Blätter flattern in 23 Metern Höhe im Wind. Und dann die Vielfalt an Topfpflanzen: Oleander, Granatapfel, Lorbeer, Zitrusbäume und als Krönung eine Pomeranze aus dem Zwinger, die trotz gespaltenem Stamm weiterhin Bitterorangen trägt. Im Winter wechseln die 450 Frostempfindlichen aus ihrer großzügigen Sommer-Location im Park in ein luxuriöses Quartier in der Orangerie.

Zwischen den prachtvollen Bäumen des englischen Landschaftsparks übersieht man fast eine Rarität mit nur neun Metern Höhe und einem Kronenumfang von 35 Metern. Erst mit rund 30 000 karminroten Blüten unter schützender Hülle wird die Diva erkannt: die Pillnitzer Kamelie. Die botanische Schönheit mit dem stolzen Alter von 240 Jahren verzaubert von Ende Februar bis Mitte April. Sie steht im Winter in einem begehbaren Glashaus, wo ein Klimacomputer Temperatur, Belüftung, Luftfeuchte und Beschattung perfektioniert. Das hat sie sich verdient, denn im Januar 1905 brannte ihr damaliges Holzhaus ab. Sie überlebte nur, weil das Löschwasser bei minus 20 Grad Celsius gefror und der Eispanzer zur riesigen Schutzhülle wurde.

Zu berichten wäre noch von der Pillnitzer Schlossnacht im August, vom Trompeterhaus für romantische Parknächte, vom Hobbywinzer Donath mit feinem Wein, vom Grünen Forum Pillnitz, das Gartenbautradition in die Zukunft führt. Doch bevor der Dampfer wieder ablegt, wird noch schnell der Nase gefolgt, denn im ehemaligen Kammergut duftet es verführerisch nach Frischgebackenem.

PALMEN UND MEHR

Hinter der Orangerie steht eines der ältesten erhaltenen Stahlguss-Glas-Bauten Europas von 1859. Zum 150. Geburtstag wurde das Palmenhaus einer Verjüngungskur unterzogen. Das war absolut notwendig, denn es war 30 Jahre dem Verfall preisgegeben. Eine kleine Ausstellung mit Schwarz-Weiß-Fotos von Franz Zadniček zeigt eindrucksvoll die marode Bausubstanz, aber auch alternative Projekte von Tanzschülerinnen der Palucca-Schule mit der Ruine als Bühne.

Heute beherbergen die drei aneinandergefügten Gewächshäuser auf 660 Quadratmetern jeweils in Kalt- und Warmbereichen Pflanzen der Südhalbkugel. Palmen aus den feuchten Regenwäldern Australiens befinden sich in der Mittelhalle, dem Oktogon. Der Südflügel ist der südafrikanischen Flora vorbehalten. Hier ist auch die Protea, die Nationalblume Südafrikas, zu bestaunen. Im Nordflügel wird die australische Vegetation gezeigt.

WEITERE INFORMATIONEN

Schloss & Park Pillnitz: August-Böckstiegel-Straße 2, 01326 Dresden, Tel. 0351 261 32 60, www.schlosspillnitz.de, www.pillnitzer-schlossnacht.de

DRESDNER SÜDEN

Auf besondere Weise Aufmerksamkeit erregen: die Riesenkanne in der Centrum Galerie (oben) und die interessante Optik in der Uni-Bibliothek (Mitte). Liebling aller Generationen ist der »Pusteblumen-Brunnen« (unten) auf der Prager Straße. Das Lichtkonzept der Stahlplastik »Völkerfreundschaft« (rechts) begeistert in der Fußgängermeile.

pullman
HOTELS

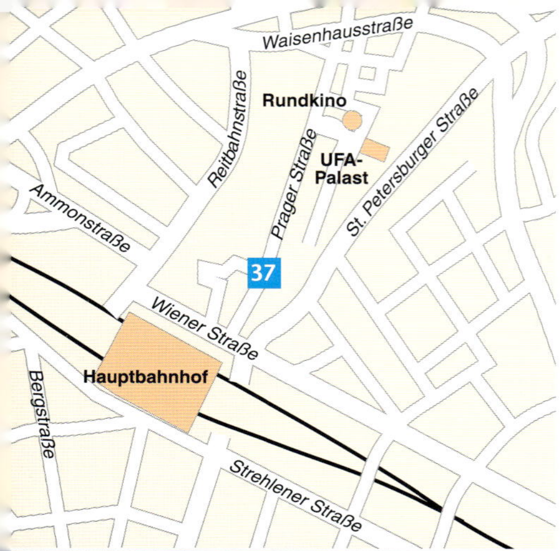

37 Prager Straße – erste Fußgängermeile Dresdens

Nach westlichem Vorbild, der Lijnbaan in Rotterdam

Riesige Pusteblumen laden zum Verweilen ein – sie sind keine Laune der Natur, sondern ein Springbrunnen der besonderen Art. Mitte Mai versperren Menschen mit Strohhüten die Fußwege – es handelt sich nicht um demonstrierende Schrebergärtner, sondern um swingende Fans auf der Dixie-Meile. Und der Mann mit Fahrrad, weißem Vollbart und roter Fahne ist kein Hindernis, sondern ein echtes Dresdner Original.

Den Hauptbahnhof (oben) und den Büro- und Einkaufskomplex »Prager Spitze« (unten) trennen rund 100 Jahre und 100 Meter. Ein Treffpunkt für Filmfreunde und ein besonderer Hingucker ist der erleuchtete UFA-Kristallpalast (rechte Seite unten). An die friedliche Revolution 1989 erinnern die Namen der »Gruppe der 20« (rechte Seite oben).

Der Hauptbahnhof bildet seit 1898 ein prächtiges Eingangstor zur Stadt. Wie viele Menschen sind auf diesem kombinierten Kopf- und Durchgangsbahnhof schon angekommen? Die bewährte Grundstruktur von Mittelhalle und zwei flankierenden Durchgängen in der oberen Ebene ist erhalten, die Details sind in Bewegung – wie könnte es auf einem Bahnhof anders sein. Ursprüngliches wurde hervorgeholt, Neues hinzugefügt, manches ist verloren.

Beständiges Kommen und Gehen

Der Königspavillon, jahrzehntelang ein beliebtes Kino, glänzt wieder wie zu Monarchiezeiten. Teflonbeschichtete Glasfaser-Membranen überdachen die Hallen, eine tolle Optik. Das Material, das der britische Stararchitekt Sir Norman Foster auswählte, ist wunderbar licht-, aber leider auch wasserdurchlässig. Dem Trend folgend wurde Ortsveränderung mit Einkauf vernetzt unter dem Motto: für daheim gebliebene Kaffeesachsen und weit gereiste Suppenschwaben. Verloren gegangen ist der Traditionstreffpunkt am Haupteingang. Ewig galt: »Wir treffen uns unterm Strick«. In der Kuppelhalle hing das Seil einer früheren Lampe. Darunter trafen sich Ankommende und Abfahrende, Wanderer und Weitgereiste, Dresdner und ihre Gäste.

Die Prager Straße verbindet Hauptbahnhof und Innenstadt. Sie entwickelte sich ab 1850 mit zahlreichen Einkaufs- und Vergnügungsmöglichkeiten zu einer der prächtigsten Straßen, die jedoch 1945 unwiederbringlich verloren ging. Ab 1969 entstand die großzügige neue Prager Straße als Beispiel der DDR-Nachkriegsmoderne mit Wohnungen, Hotels, Geschäften und Kinos. Die zwölfstöckige Prager Zeile an der Ostseite ist mit 240 Metern eines der längsten Wohnhäuser Deutschlands. Das Rundkino wird im Volksmund wegen seiner Form und Größe »Elefantenklo« genannt. Innen bietet sich die perfekte 3-D-Illusion auf Sachsens größter Leinwand.

Was trotz oder vielmehr wegen der DDR-Planwirtschaft liegen blieb, entstand ab

1990 in zeitgenössischer Form: das Kugelhaus mit dem abgefahrenen Restaurant »Schwerelos«, in dem Speisen und Getränke kopfüber zum Tisch gelangen. Die Prager Spitze, ein Keilbau für Einkauf, Gastronomie und Büros. Der UFA-Kristallpalast mit acht Kinosälen in drei Ebenen hinter einer Beton-Glas-Fassade mit kristalliner Struktur. Die Centrum Galerie mit auffälliger Alu-Waben-Fassade, eine Reminiszenz an das Warenhaus, das vorher hier stand.

Am Rande etwas zum Schmunzeln

Die Information »Die Russen verlassen Dresden, Lenin ist schon am Hauptbahnhof« machte Mitte der 1970er-Jahre die Runde. Es dauerte jedoch noch fast zwei Jahrzehnte, bis die sowjetische Armee abzog. Mit dem Spruch wurde auf ein monumentales Lenin-Denkmal aus rotem Granit am Bahnhof angespielt, das inzwischen nicht mehr steht. Es ist nicht im noch monumentaleren Wiener Loch verschwunden, einer Baugrube, die übermäßig lange auf einen Investor wartete. Lenin ist bei einem Sammler in Bayern. Und dieses Loch war seine letzte Rache.

Die Prager Straße will die Besucher nicht gehen lassen. Am Külz-Ring stehen die Ampeln auf Rot, auf viel Rot, denn das Ost-Ampelmännchen ist fülliger als das Pendant im Westen. Die seitwärts ausgestreckten Arme signalisieren den Stopp deutlich. Noch kultiger ist das in Sachsen erfundene Ampelweibchen. Das Mädchen mit Glockenrock und Zöpfen ist als Halt-Variante und noch mehr mit ihrem dynamischen Gang ein richtungsweisender Hingucker. An 13 Ampelanlagen in Dresden haben die Ladys in Rot das Sagen, und sie sind von hier aus europaweit auf dem Vormarsch.

MIT EINEM DIALOG BEGANN DIE FRIEDLICHE REVOLUTION

Anfang Oktober 1989 war die politische Situation am Hauptbahnhof sehr aufgeheizt. Es gab Gewalt gegen Ausreisewillige. Sie wollten auf die Züge mit Botschaftsflüchtlingen aus Prag aufspringen, die ins fränkische Hof fuhren. Bei der Demonstration am 8. Oktober gelang es, die Gewalteskalation zu stoppen. Spontan wurden 20 Bürger ausgewählt, die am nächsten Tag als gleichberechtigte Gesprächspartner dem Oberbürgermeister Forderungen nach Reise-, Meinungs-, Demonstrations- und Pressefreiheit vortrugen. Das war ein weiterer Schritt in Richtung Mauerfall. Genau an der Stelle auf der Prager Straße, wo dieser friedliche Dialog begann, erinnern heute eine Gedenkplatte und die im Boden eingelassenen Namen an die »Gruppe der 20« – leider leicht zu übersehen.

WEITERE INFORMATIONEN

Hauptbahnhof: Wiener Platz 4, 01069 Dresden, www.einkaufsbahnhof.de
Rundkino Dresden: Prager Straße 6, 01069 Dresden, Tel. 0351 484 39 22, www.cineplex.de
UFA-Kristallpalast Dresden: St. Petersburger Straße 24a, 01069 Dresden, Tel. 0351 482 58 25, www.ufa-dresden.de

Das Portal der Lukaskirche (oben) ist so sehenswert wie die Russisch-Orthodoxe Kirche (rechte Seite oben). Ob die Palucca-Tanz-Schülerinnen (unten) beides kennen, ist ungewiss, denn die einzige Tanzhochschule Deutschlands steht nicht im Universitätsviertel. Hier gibt es aber für alle den zentralen Bibliothekslesesaal (rechte Seite unten).

38 Universitätsviertel – im Süden studiert sich's exzellent

Wissen schafft Brücken – Bildung verbindet Menschen

Sie schlendern plaudernd über den Campus oder eilen zum lang ersehnten Termin mit ihrem Professor. Sie lauschen der Vorlesung oder kämpfen mit den Tücken des Objekts im Labor. Sie essen in gemütlicher Runde in der Bio-Mensa oder in Zwiesprache mit ihrem iPad vor einer Cafeteria. Sie rocken die Nacht in einem von 15 Clubs oder wechseln ins Szeneviertel auf die andere Elbseite.

Rund 44 500 Studenten erstreben in Dresden akademische Titel. 80 Prozent sind an der Technischen Universität eingeschrieben, der größten Bildungseinrichtung der Stadt und einer von elf Exzellenz-Universitäten Deutschlands. Südlich des Hauptbahnhofs entfaltet sich die Studentenstadt mit Hörsälen, Instituten, Mensen, Bibliotheken, Sportplätzen, Internaten und Kitas in grünem Umfeld.

Der heutige Abiturient hat die Qual der Wahl unter 120 Studiengängen an 14 Fakultäten. Die Neuen sind an ihren Ersti-Jahrestaschen zu erkennen, die sie zur Willkommensparty als Welcome Package mit Gutscheinen und allerlei Nützlichem erhalten. Schnell überkommt sie ein ausgeprägtes Wir-Gefühl, das nach erfolgreichem Abschluss im Absolventennetzwerk fortgesetzt wird. Wer will, kann noch einen Doktortitel draufsetzen. Und nicht nur Große dürfen studieren. In der Kinder-Uni beantworten richtige Professoren neugierige Fragen der Studenten des nächsten Jahrzehnts.

Barockpavillon als Keimzelle der Technik

Die Bezeichnung Technische Universität trägt eine der ältesten technischen Hochschulen erst seit 1961. Der bescheidene Beginn liegt fast 200 Jahre zurück. Eine kleine Tafel am Geländer der Brühlschen Terrasse erinnert an die Gründung der Technischen Bildungsanstalt 1828 in einem Gartenpavillon. Sie hatte sofort praxisbewährte Lehrer wie etwa Johann Andreas Schubert (1808–1870). Das Universalgenie verwandelte in Sachsen als erster Dampf in Fortbewegung für Schiffe und Lokomotiven.

Der Startort war bald zu klein. Verschiedene Stationen und Namen führten in den Süden. Weit sichtbares Wahrzeichen ist heute die markante Kuppel auf dem Beyer-Bau. Ein Spaziergang über den Campus ist Geschichte pur. Die Gebäudearchitektur zeigt wichtige Abschnitte. Charakteristisch für den Beginn um 1900 sind rote Klinker und heller sächsischer Sandstein. Auf andere Weise typisch sind die funktionellen Bauten aus DDR-Zeiten.

Im Inneren dagegen gab es umfangreiche Änderungen, um heutigen Anforderungen gerecht zu werden oder Kunst einzubinden, wie das Spiegelobjekt »paradise paralyze« von Paul Elsner im Görges-Bau.
In den letzten zwei Jahrzehnten kamen neue Institutsgebäude und das lichtdurchflutete Hörsaalzentrum dazu. Die Kräne drehen sich weiter für hochmoderne Universitäts- und Forschungsbauten – es entsteht ein Wissenschaftsboulevard für Lehre und Praxis.
Beyer-Bau, Görges-Bau: Die Mehrheit der Hochschulgebäude trägt Namen von Persönlichkeiten mit starkem Bezug zur TU. Es gibt sogar einen Merkel- und einen Tillich-Bau. Damit sind aber nicht die Bundeskanzlerin und der sächsische Ministerpräsident gemeint, sondern Friedrich Merkel, Kühlturmspezialist, und Paul Tillich, Religionsphilosoph.

Buchmuseum und Digitalisierungshochburg

Bequeme Liegen aus Textilbeton, einer tragfähigen Dresdner Erfindung, bieten Entspannung vor der Sächsischen Landesbibliothek – Staats- und Universitätsbibliothek Dresden, kurz SLUB genannt. Der Neubau von 2003 ist von außen ein Hingucker, im Inneren eine weit unter die Erde gehende Schatzkammer. Vor Semesterende ist besonders viel los. Dabei ist die SLUB 104 Stunden pro Woche offen und bietet rund um die Uhr Zugang zu umfassenden Online-Ressourcen.
Dank des hauseigenen Digitalisierungszentrums sind historische Dokumente, die vor Licht und Staub in Archiven geschützt werden, einem breiten Publikum zugänglich. Heute wird alles digital erfasst: Prüfungen und Zeugnisse, Überraschungen inklusive, wie beispielsweise Urlaubssemester.

ORTHODOXE OPTIK TRIFFT EVANGELISCHE AKUSTIK

Im letzten Drittel des 19. Jahrhunderts kamen verstärkt Ausländer nach Dresden. In Bahnhofsnähe entstanden vier spezielle Kirchen. Im Bombardement gingen die Anglikanische, die Schottische und die Amerikanische Kirche verloren. Nur die Russisch-Orthodoxe Kirche überlebte wie durch ein Wunder. Ihre blauen und goldenen Zwiebeltürmchen mit Kreuzen ragen heute stolz in den Himmel und laden zum Besuch ein. Der benachbarten evangelischen Lukaskirche fehlt noch die Turmspitze, auch ein Kriegsopfer. Die Kirche hat dafür etwas Besonderes im Inneren: eine wunderbare Akustik, die schon Herbert von Karajan oder Herman van Veen zu Schallplattenaufnahmen lockte. Heute ist die Kirche ein bekannter Veranstaltungsort und Gemeindehaus für 3200 Mitglieder.

WEITERE INFORMATIONEN

Technische Universität Dresden: Mommsenstraße 11, 01069 Dresden, www.tu-dresden.de
SLUB: Zellescher Weg 18, 01069 Dresden, Tel. 0351 4677390, www.slub-dresden.de
Russisch-Orthodoxe Kirche: www.orthodox-dresden.de
Lukaskirche: www.lukaskirche.elydia.de

DRESDNER WESTEN

Der Dresdner Westen bietet Kleingartenparadiese (oben), den wunderbaren barocken Neptunbrunnen (Mitte) in der Friedrichstadt und direkte Blickbeziehungen zu den Weinbergen auf der anderen Elbseite in Radebeul (unten). Der Hingucker bei Tag und besonders in der Nacht ist aber die zauber- und märchenhafte Yenidze (rechts).

YENIDZE
YENIDZE
ALTES
PUMPENHAUS

Jugendstil vom Feinsten bieten die zahlreichen Mosaike (oben) an der ehemaligen Zigarettenfabrik Yenidze. Der Industriebau (rechte Seite unten) ist aus dem Stadtbild nicht mehr wegzudenken. Am Abend wird es besonders gemütlich: entweder im Theater unter der bunten Glaskuppel (rechte Seite oben) oder im Biergarten unter freiem Himmel.

39 Yenidze – der bunte Hingucker mit blauer Vergangenheit

Märchenzelt und Biergarten für Schwindelfreie

Ein orientalisch anmutendes Bauwerk mit farbiger Glaskuppel und Minarett zieht die Blicke auf sich. Neugierige Touristen fragen: Hat Dresden eine Moschee? Allgemeine Aufmerksamkeit war das Ziel von Anbeginn, und es funktioniert bis heute. Die Yenidze war ein Reklamebau für blauen Dunst, eine Zigarettenfabrik. Optik und Name verbinden mit den Rohstoffgebieten im damaligen Osmanischen Reich.

Mit dem geschäftstüchtigen deutsch-russischen Baron Josef von Hupmann begann das, was wir heute erhöhtes Gesundheitsrisiko nennen. Der Unternehmer aus St. Petersburg gründete 1862 auf der Ostra-Allee die Compagnie Laferme, die erste deutsche Zigarettenfabrik. Es begann eine fulminante Entwicklung. Um 1900 war Dresden die Hochburg der Zigarettenindustrie. Jeder dritte in Deutschland gerauchte Glimmstängel wurde in der Elbestadt hergestellt. Für den blauen Dunst arbeiteten rund 40 Unternehmen mit Namen wie Delta, Kosmos oder Jasmatzi & Söhne. Auch der kleine Mann konnte sich nun das leisten, was früher absoluter Luxus war. Eine sprudelnde Steuerquelle für den Fiskus war gefunden. Fabrikgebäude sollten aber das Bild der Residenzstadt nicht stören, sie wurden an den damaligen Rand verbannt.

Qualmende Minarette

Das rief einen der mittlerweile Großen der Branche auf den Plan: Hugo Zietz. Er wollte seine seit 1886 existierende Orientalische Tabak- und Cigarettenfabrik Yenidze erweitern und dabei zentrumsnah mitspielen. Er verblüffte die Stadtverordneten mit dem überraschenden Antrag für einen Bau, der wie eine orientalische Moschee aussehen sollte. Der Name Yenidze stand für die Region, wo die aromavollen Tabakblätter wuchsen.
Der junge Architekt Martin Hammitzsch (1878–1945) hatte die geniale Idee entwickelt, die äußerst umstritten war. Aber hatte dieses Fernweh nicht etwas gemeinsam mit dem Japanischen Palais? August der Starke, der knapp 200 Jahre früher Unbekanntes an die Elbe gebracht hatte, wäre begeistert gewesen von diesen weltoffenen Plänen. Die Stadtverantwortlichen und die Architektenkammer taten sich allerdings sehr schwer, dennoch wurde der Komplex 1910 vollendet. Den 62 Meter hohen, zehngeschossigen Bau mit 600 verschieden gestalteten Fenstern bekrönt eine Kuppel aus Glas in strahlendem Rot, Blau, Grün und Gelb. Schornsteine und Entlüftungs-

schächte sind als Minarette gestaltet. Aufwendige Dekors aus rot-weißem Kunstsandstein, spezielle Kacheln und Mosaike verbinden maurische Elemente mit Jugendstil. Lichtdurchflutete, staubfreie Hallen, ein Speisesaal fürs Personal und ein Frauenruheraum in der Kuppel boten für damalige Verhältnisse eine sehr soziale Atmosphäre.

Als Gebäude und als Zigarette in aller Munde

Der repräsentative Zweckbau war ein genialer Werbe-Coup, war er doch weithin sichtbar und wegen der Exotik natürlich in aller Munde. Der Erfolg stellte die sonst übliche Reklame mit Emaille-Schildern oder Sammelbildern weit in den Schatten. Marken mit klangvollen Namen wie die filterlose »Salem Aleikum« wurden die Renner und täglich zu Tausenden produziert. Hugo Zietz konnte auch als sächsisch-königlicher Hoflieferant überzeugen. 1925 verkaufte er für 18 Millionen Mark an den Zigaretten-Primus Reemtsma. Tabak spielte auch nach Behebung der weltkriegsbedingten Teilzerstörung die wichtigste Rolle, bis er 1996 aus dem markanten Gebäude am Rand der Friedrichstadt verbannt wurde.

Höchstgelegener Biergarten

Nach einem anstrengenden Arbeitstag schnell noch ein Bierchen zum Feierabend – das ist kein Problem, denn über der letzten Büroetage wartet der Biergarten mit dem besten Ausblick über die Altstadt. An lauen Sommerabenden unterstreicht Fackelbeleuchtung die romantische Atmosphäre. Direkt nebenan hinter den Rundbogenfenstern bietet das Kuppelrestaurant auf zwei Etagen nicht nur den perfekten 360°-Blick auf Dresden und die Umgebung, sondern auch viel für den Gaumen von sächsisch bis orientalisch.

MÄRCHEN AUS DER KUPPEL

Unter der einzigartigen Glaskuppel sorgt die Sonne bei Tag für ein leuchtendes Farbenspiel, wie es bei Nacht vor allem von außen zu sehen ist. Hier befindet sich das erste Märchen-Erzähl-Theater Deutschlands. Im stimmungsvollen und kuscheligen Märchenzelt, das im Winter beheizt ist, und im Sommer den Blick in die Kuppel freigibt, geht es intim zu. Das passt zur Verführung durch verschiedenste Märchen und Geschichten aus allen Zeiten und Kulturen. Es wird erzählt, gelesen, besungen, Bauchtanz manchmal inklusive. Wind und Regen sind Schauspieler ohne Gage. Sonne, Mond und Sterne sind Beleuchter. An den Wochenenden der kalten Jahreszeit gibt es extra Märchenstunden für Kinder, bei denen auch begleitende Erwachsene wieder zu Kindern werden dürfen – alles unter dem Motto »Eigene Bilder im Kopf und im Bauch entstehen lassen«.

WEITERE INFORMATIONEN

Kuppelrestaurant: Weißeritzstraße 3, 01067 Dresden, Tel. 0351 4905990, www.kuppelrestaurant.de
1001 Märchen GmbH: Weißeritzstraße 3, 01067 Dresden, Tel. 0351 4951001, www.1001maerchen.de

Das Marcolinipalais (oben) ist heute Eingang zum Krankenhaus Dresden-Friedrichstadt. Sein Barocksaal, der noch an die Ära Brühl erinnert, lädt mit seiner einmaligen Akustik zu abendlichen Konzerten ein. Der Neptunbrunnen von 1744 (Detail unten) überdauerte als größte und schönste Brunnenanlage der Stadt alle Stürme der Zeit.

40 Friedrichstadt – das touristisch etwas vergessene Viertel

Geschichte und Kultur für Spurensucher

Der Blick schweift über Auen zur Elbe. Die Großstadt ist vergessen und doch so nah. Beste Sicht auf Dresdens markante Silhouette hat man vom begrünten Hügel, einem ganz speziellen Geschichtsort. 18 Millionen Kubikmeter Schutt der zerstörten Innenstadt wurden hier zum 70 Meter hohen Trümmerberg verfestigt.

Das Auenland im Elbbogen wurde vom Romantiker Caspar David Friedrich (1774–1840) gemalt und 1906 durch Stadtbaurat Hans Erlwein mit einem Schlachthof bebaut. Sein gelb-rotes Ensemble hat heute als beliebte Messe- und Veranstaltungslokalität eine angenehmere Aufgabe. Neu im weitläufigen Areal ist der Ostrapark, eine Eventlocation mit Seebühne. Die unsanierten Futterställe und Heuböden sind Kreativort der »Ostrale«, dem jährlichen Sommerfestival für internationale zeitgenössische Kunst.

Voll in Aktion wie zur Geburt vor 100 Jahren ist die Hafenmühle mit modernem Innenleben für »Ährenwort«, die Regionalkooperation von Landwirten und Bäckern. Imposant sind der 63-Meter-Turm, das kirchenschiffgroße, fensterlose Silo und das siebenstöckige Mahlhaus. Die Ähnlichkeit mit dem Schauspielhaus kommt nicht von ungefähr, schließlich war hier dasselbe Architektenduo aktiv. Graf Brühl, der Terrassenerfinder, lebte herrschernah am Schloss und feierte vor den Toren. Seine Palais-Wände, besser bekannt unter dem Namen Marcolini, schweigen. Es ertönt nichts Amouröses über Landpartys, nichts Politisches über Geheimverhandlungen, nichts Musikalisches über Lohengrin-Töne. Richard Wagner hasste die Stadtferne, hatte aber als über seine Verhältnisse lebender Mietnomade keine andere Wahl.

Heute sichert die Straßenbahn die schnelle Anbindung. Das Krankenhaus bietet medizinische Kompetenz, und der im Barock angelegte Park erwirkt schnelle Heilung. Der Neptunbrunnen von Hofbildhauer Lorenzo Mattielli, der bedeutendste Brunnen Dresdens, begeistert nach aufwendiger Restaurierung wieder mit Wasserspielen. Die 48 Meter breite Anlage mit dreigeschossiger Kaskade finden nur Neugierige, die ausgetretene Spuren verlassen.

Versagen die Medizinerkünste, führen kurze Wege zum Alten Katholischen Friedhof, wo Carl Maria von Weber bestattet ist, oder zum Friedhof der Matthäuskirche, in deren Gruft Zwinger-Erbauer Pöppelmann die letzte Ruhe fand.

www.messe-dresden.de, www.ostrale.de

41 Cossebaude – Dresdner Ortschaft im grünen Elbtal

Wind und Wasser sorgen für Energie

Wer vom Zentrum linkselbisch nach Meißen radelt, fährt statistisch bis zur Stadtgrenze nur bergab. Dresdens tiefster Punkt mit 101 Metern über dem Meeresspiegel liegt direkt am Elbufer in Cossebaude. Unterwegs wandelt sich das Bild von wuseliger Innenstadt zu ländlicher Idylle an schützenden Deichen.

Nach 45 Radelminuten schauen aus einem Wäldchen die Flügel der Gohliser Windmühle heraus. Sie wurde 1828 errichtet und diente bis vor 100 Jahren der Mehlgewinnung. Das Museum lässt die schwere Arbeit erahnen, obwohl die alte Mahltechnik nicht vollständig erhalten ist. Glück für heutige Pedalritter, dass die »Mühlenstube« und ein Gastgarten zur Rast einladen. Eine naturbelassene Bootsanlagestelle zieht weitere Aktive an. Tafeln informieren über hier lebende Vögel und Pflanzen. Der Sonnenuntergang über der majestätischen Elbe ist Romantik pur.

Wenige Kilometer weiter wird gelacht, Ball gespielt, gerutscht und vor allem geschwommen. Das Stauseebad Cossebaude mit FKK-Abschnitt ist wegen seines sauberen Wassers und der weitläufigen Freizeitangebote das beliebteste Freibad Dresdens. Es entstand im Nachgang zum Pumpspeicherwerk Niederwartha, das im Jahr 1930 zur Elektroenergieerzeugung in Spitzenbelastungszeiten gebaut wurde. Heute könnte ein Innovationsschub die beeindruckende Anlage mit ihren Wasserschlössern, Rohrleitungen und dem denkmalgeschützten Maschinenhaus fit machen als künftigen Energiespeicher.

Der freundliche Herr mit Strohhut ist ein Exot. Rolf Fehrmann baut Traminer, Weißburgunder, Dornfelder und Spätburgunder gewissermaßen auf der falschen Elbseite an, denn die Reblaus beendete um 1890 die linkselbische Weintradition fast vollständig. Über dem Lotzebach beginnt sein anstrengender Arbeitsplatz mit 365 Stufen Höhenunterschied. Schweißtreibend im steilen Gelände ist auch der Mauerbau, aber sinnvoll als maßgeschneidertes Stützkorsett für vier Hektar Reben. Führungen starten und enden am restaurierten Bauernhaus. Kleine Kostproben und viel Wissen führen entspannt nach oben zu tollen Ausblicken bis zur Sächsischen Schweiz.

Auf dem Rückweg zur Elbe noch ein Besuch im Laden des Biobauernhofes Franz, um Vitamine erntefrisch aufzutanken.

www.cossebaude.de,
www.gohliser-windmuehle.de,
www.weinbau-fehrmann.de

Die Gohliser Windmühle (oben) hat eine interessante Geschichte, versteckt sich aber in einem kleinen Wäldchen am Elbufer und wird doch von den Ausflüglern gefunden. Weithin sichtbar dagegen sind die fruchtbaren Äcker und Wiesen, die biologische Landwirtschaft (unten) ermöglichen. Und all das im Stadtgebiet von Dresden.

Vielfalt gleich um die Ecke: Die Albrechtsburg in Meißen (oben) bietet sehenswerte sächsische Geschichte. Im Elbsandsteingebirge (Mitte) kann die körperliche Konstitution getestet werden. Die Weinbaukulturlandschaft im Elbtal (unten) ist sowohl optisch als auch kulinarisch reizvoll. Die Elbe, hier in Rathen (rechts), ist immer eine gute Wahl.

RUND UM DRESDEN

geöffnet
Genuss an Bord

Richard Wagner und Pirna: Das Lohengrinhaus (oben) im Ortsteil Graupa war seine Sommerfrische, das weltgrößte Denkmal (unten) steht im Liebethaler Grund, seit 2013 empfängt das ehemalige Jagdschloss (rechte Seite unten) Wagner-interessierte aus aller Welt. Ein Traum aus Blüten ist das Landschloss Zuschendorf mit seinen Kamelien (rechte Seite oben).

42 Pirna – Sandstein voller Leben

Malerischer Lieblingsplatz der Geschichte

Eine gepflegte Dame mit Geburtsjahr 1898 nähert sich mit voller Kraft ihrer noch viel älteren Namensschwester, die ebenfalls ein sehr gutes Bild abgibt. Der Personendampfer »Pirna« verlässt das faszinierende Elbsandsteingebirge. Rechts tauchen die ersten Häuser von Posta auf, links erhebt sich St. Marien und hoch über der Elbe der Sonnenstein. Das Schiff verlässt die Flussmitte und legt an.

Pirna und die Sächsischen Schweiz sind durch die malerische Elblandschaft und besonders durch den vielseitig verwendeten Elbsandstein verbunden. Stolze Bürgerhäuser mit hohen Giebeln, kunstvoll verzierten Erkern, prächtigen Portalen mit Sitznischen und verträumten Höfen zeugen davon. Was gibt es zu entdecken in einer Stadt, die von Kriegen und Bränden weitgehend verschont blieb? Trotz der Vorfreude aufs Flanieren und Einkaufen fallen die ersten Schritte schwer. Bei der Geschichtslektion in der Dohnaischen Straße stockt einem der Atem. 15 Hochwassermarken, einige weit über Manneshöhe, zeigen die Realität der (Über-) Lebenskünstlerin Pirna.

Canaletto wäre entzückt

Geschichte und Geschichten werden lebendig zwischen Engelserker in der abzweigenden Barbiergasse und Teufelserker in der Oberen Burggasse. Nach dem Tod der Frau des Hauses, die mit dem Teufel im Bunde gewesen sein soll, ließ ihr Mann den Erker anbringen. Drei Teufel, die zur Kirche blicken, tragen seine Last. Die Inschrift »ICH WOLDS SO HABEN WAS FRAGTU DARNACH« ließ er später anbringen.

Käme der venezianische Veduten- und sächsische Hofmaler Canaletto heute als Tourist, er würde sich auf seinem Lieblingsplatz, dem Markt, heimisch fühlen. Wenig hat sich in 260 Jahren verändert, wie der Vergleich mit seinen detailgetreuen Ansichten zeigt. Elfmal hat er die Kleinstadt in eine Reihe mit ihren großen Schwestern Dresden, Wien, Venedig und Rom gestellt. Heute wäre er noch immer begeistert. Das Puzzle-Rathaus aus Spätgotik, Renaissance und Barock strahlt in alter Pracht und zeigt, was die Stunde geschlagen hat. Die Stadtkirche St. Marien hat noch ihr einzigartiges Netzgewölbe, das über den zwölf Säulen zu schweben scheint.Er würde aber auch staunen: Ein Bürgerhaus mit Spitzgiebel trägt seinen Namen und macht sein spezielles Hilfsmittel, die Camera obscura, publik. Ins Peter-Ulrich-Baumeisterhaus ist eine Bühne ge-

zogen. Tom Pauls und seine Freunde spielen fürs Volk, eine gewisse Ilse Bähnert verführt mit Eierlikörchen. Bei Ernst Schmole und seinen Nachfahren liegt frischer Kaffeeduft in der Luft, das war im Barock noch Luxus. Die Militärfestung Sonnenstein, die Canaletto nur unter strengsten Vorgaben porträtieren durfte, ist heute Verwaltungszentrum mit Perspektive. Als Landratssitz hat die rekonstruierte Schlossanlage eine friedliche Aufgabe. Die sanierten Bastionen, Wehranlagen und Terrassengärten stehen zur Besichtigung und für Fledermäuse offen. Nach oben führt der Canaletto-Weg, der Schritt für Schritt neue Blicke auf die Altstadt und das heutige Pirna eröffnet. Der große Meister könnte das mal wieder auf Leinwand festhalten.

Richard Wagner auf Bauernhofurlaub

Richard Wagner, 33, Hofkapellmeister in Dresden, nahm im Frühsommer 1846 eine Auszeit auf dem Schäferschen Gut in Graupa. Mit dabei waren seine erste Frau Minna und Hund Peps. An einen Freund schrieb er: »Ich wohne in einem gänzlich unentweihten Dorf; ich bin der erste Städter, der sich hier eingemietet hat. Nun erhoffe ich alle Erlabung meines Gemüts und meiner Gesundheit von meinem Bauernleben …« Ohne Arbeit ging es doch nicht. Inspiration für »Lohengrin« gaben Wanderungen im idyllischen Liebethaler Grund, wo heute das weltgrößte Wagner-Denkmal steht. Das Urlaubsbauerngut wurde 1907 erstes Wagner-Museum, die einzig erhaltene Wohnstätte in Ostdeutschland. Das 300 Meter entfernte Jagdschloss ist ein weiterer Treffpunkt für Wagner-Liebhaber und exzellenter Veranstaltungsort. Der Gast wird klangvoll mit Musik empfangen. Sechs Räume erzählen multimedial vom sächsischen Wagner.

EIN SCHLOSS VOLLER BLÜTEN IN ALLEN FARBEN

Die Landschlossanlage Zuschendorf ist weltoffen, sie sammelt Botanik aus Europa, Ostasien und Nordamerika. Das setzt Dresdner Grüngeschichte publikumswirksam am Pirnaer Stadtrand fort. Der königliche Hofgärtner Johann Heinrich Seidel (1744–1815) hatte 1806 im Herzogin-Garten eine Sammlung mit 4300 Pflanzen zusammengetragen. Seine Söhne gründeten 1813 die erste Spezialgärtnerei des deutschen Zierpflanzenbaus. Die heutigen Schätze entfalten zeitlich fein abgestimmt ihre Pracht und laden weitere Verwandte ein. Im März startet die »Königin des Winters«, die Kamelie, mit mehr als 1000 Blüten in Ton-, Steingut- und Glasgefäßen sowie schwimmend in einer Flusslandschaft. Azaleen und Hortensien erzählen danach in speziellen Blütenschauen von ihrer Tradition. Rhododendren, Efeu und Bonsai komplettieren den Jahresreigen.

WEITERE INFORMATIONEN

Pirna TouristService: Am Markt 7, 01796 Pirna, Tel. 03501 556446, www.pirna.de
Richard-Wagner-Stätten: Richard-Wagner-Straße 6, 01796 Pirna, Tel. 03501 461 9650, www.wagnerstaetten.de
Landschloss Zuschendorf: Am Landschloss 6, 01796 Pirna, www.kamelienschloss.de

Burg Stolpen (oben) war fast fünf Jahrzehnte das Gefängnis der Gräfin Cosel. Im benachbarten Sebnitz werden noch heute Kunstblumen (unten) gezaubert, deren Herstellung im Museum zu bestaunen ist. Tafelberge (rechte Seite unten) und Kletterfelsen (rechte Seite oben) bieten für Wanderer und Bergsteiger das jeweils richtige Niveau.

43 Sächsische Schweiz – einziger Nationalpark Sachsens

Elbsandstein in seiner natürlichsten Form

Ein markanter dunkler Tafelberg über der Elbschleife: Der Lilienstein ist das allgegenwärtige Logo des Nationalparks Sächsische Schweiz. Er wirkt wie der kleine Bruder des Königsteins, obwohl er diesen um 55 Meter überragt. Der einzige rechtselbische Tafelberg ist pure Natur, kein Ziel des Massentourismus und somit den aktiven Wanderern vorbehalten.

Ganz anders das linkselbische Gegenüber: Auf den Königstein wurde über Jahrhunderte eine bedeutende Bergfestung gebastelt, die nur einmal – im Jahr 1848 – vom Schornsteinfeger Sebastian Abratzky bezwungen wurde. Die heutigen Eroberer sind Touristen, die beim Spaziergang entlang der Ringmauer einmalige Ausblicke bis nach Böhmen genießen. Die Wehranlage ist Teil sächsischer Geschichte, nicht nur militärischer. In der Garnisonskirche lädt die Jehmlich-Orgel zum Innehalten ein. Das riesige Weinfass der Festung wurde als moderner Bau aus Glas und Stahl rekonstruiert. Eine Licht-Musik-Installation transferiert barocke Geschichte(n) ins 21. Jahrhundert.

Fotogenes Verbindungsstück

Die Basteibrücke mit sieben Bogen über der 40 Meter tiefen Mardertelle ist das erste Verkehrsbauwerk Europas nur für touristische Zwecke – geschaffen vor rund 160 Jahren. Das hätte dem Lohmener Prediger Carl Heinrich Nicolai (1739 bis 1823) gefallen, der in seinem 1801 verfassten *Wegweiser durch die Sächsische Schweiz* über die Bastei schrieb: »Lange steht man, ohne mit sich fertig zu werden. Schwer reißt man sich von dieser Stelle fort.« Auch heute bleibt der Blick vom schmalen Felsriff der Bastei 194 Meter hinunter ins Elbtal und auf Rathen unvergesslich. Der Luftkurort ist perfekt für Sauerstoff suchende Nasen. Im autofreien Niederrathen, erreichbar über die umweltschonende Gierseilfähre, stört es aber keinen Gast, wenn sich die ausgezeichnete Luft mit Pulverdampf und lauter Knallerei mischt. Denn dann treten auf der idyllischen Felsenbühne »Freischütz« oder »Winnetou« in Aktion.

Kleine und Große Gans, Lamm, Bienenkorb, Affensteine, Kuhstall – die bizarren Felsformationen sind den Namen nach ein Tierparadies. Doch die Spalten und Waben des Sandsteins sind eher Lebensraum von Uhu, Kauz, Wildschwein und Gartenschläfer. Wer sie zwischen steilen Felstürmen und tiefen Schluchten beobachten will, sollte früh aufstehen oder lange bleiben. Die Dämmerung bietet

Blicke hinter die Naturkulissen: Unsichtbares wird sichtbar, Geräusche lassen sich zuordnen. Wer Geduld, Ruhe und eine Portion Glück hat, kann Fischottern, Gämsen, Wanderfalken und Luchsen begegnen. Dabei ist der Winter etwas Besonderes: kein Laub, tief verschneite oder nur mit Schneezucker überzogene Felsen, gefrorene Gardinen vor Sandsteinmassiven.

Blumen für die Problemmätresse?

Abseits des Sandsteins geht es weiter. Nächstes Ziel ist Stolpen. Weithin sichtbar erhebt sich die mittelalterliche Burganlage mit ihren markanten Türmen über dem Naturdenkmal Stolpener Basalt. Hier lebte nach ihrer Dresdner Abservierung 49 Jahre die Cosel, die bekannteste sächsische Mätresse. Ihr Geburtsort Stolpe und ihr Sterbeort unterscheidet nur ein Buchstabe. Die 85 Lebensjahre der Reichsgräfin allerdings füllen dicke Bücher.

Bekam sie Rosen, Tulpen, Nelken? Nicht bekannt, und sie wären verwelkt, denn die Seidenblumentradition im benachbarten Sebnitz begann erst rund 70 Jahre später. Seit 1834 wird hier ununterbrochen geblümelt. Die Schaumanufaktur Deutsche Kunstblume Sebnitz ist heute eine der wenigen weltweit, die künstliche Blumen in traditioneller Handarbeit zaubert. Das Auge des Betrachters wird getäuscht, das Natürliche wird im Künstlichen lebensecht und filigran hervorgehoben. 75000 Formen im Eisenkeller lassen die Vielfalt bei der Blüten- und Blätterherstellung erahnen.

Der Nationalpark geht jenseits der Grenze genauso fantastisch weiter– also einfach einen Besuch der České Švýcarsko, der Böhmischen Schweiz, einplanen.

THEORIE UND PRAXIS DES ELBSANDSTEINS

Den ersten praktischen Sandsteinerfahrungen folgt etwas Theorie, die nicht trocken, sondern interaktiv und multimedial im Nationalparkzentrum Sächsische Schweiz in Bad Schandau präsentiert wird. Es informiert über Geologie, Pflanzen- und Tierwelt, über Natur- und Kulturlandschaft der Region. Seit über 100 Jahren wird Klettersport ohne künstliche Hilfsmittel betrieben, der Vorläufer des Freeclimbing. Wer Rekorde liebt, kann sich nach erfolgreicher Bezwingung der 1100 frei stehenden Klettergipfel ins jeweilige Gipfelbuch eintragen. Kalorienschonender geht es mit dem elektrischen Aufzug, einem technischen Denkmal, hoch nach Ostrau oder mit der Kirnitzschtalbahn auf acht Kilometern am Fels entlang durch urwüchsige Natur zum Lichtenhainer Wasserfall. Sie ist die weltweit einzige Straßenbahn in einem Nationalpark.

WEITERE INFORMATIONEN

Tourismusverband Sächsische Schweiz: Bahnhofstraße 21, 01796 Pirna, Tel. 03501 470147, www.saechsische-schweiz.de
Festung Königstein: 01824 Königstein, www.festung-koenigstein.de
Nationalparkzentrum: Dresdner Straße 2b, 01814 Bad Schandau, www.nationalpark-saechsische-schweiz.de

Die siebenbogige Basteibrücke
und der Lilienstein

Zwei bekannte Ziele der Sächsischen Schweiz: die 42,7 Meter hohe Felsnadel Barbarine (oben) am Pfaffenstein und der Amselfall (unten) im Luftkurort Rathen. Die Festung Königstein (rechte Seite unten) überragt majestätisch die Landschaft und das Elbtal. Die »Kleine Sächsische Schweiz« (rechte Seite oben) bekommt besondere Pflege.

44 Malerweg – preisgekrönte Romantik im 21. Jahrhundert

Die Wanderschuhe für acht Tagesetappen schnüren

Vor 100 Millionen Jahren entstiegen dem Meeresrauschen der Kreidezeit Tafelberge und Sandstein-Canyons – eine der faszinierendsten Erosionslandschaften Europas entstand. Der von Malern der Romantik liebevoll Sächsische Schweiz genannte heutige Nationalpark ist ein Dorado für Wanderer und Kletterer. Der von Wind und Wetter zerklüftete Elbsandstein ist zugleich Heimat seltener Pflanzen und Tiere.

Landschaftsvielfalt auf engstem Raum macht die Sächsische Schweiz zum zauberhaften und zugleich spektakulären Wandergebiet. Rund 1200 Kilometer ausgeschilderte Wanderwege, Bergpfade und Klettersteige unterschiedlicher Schwierigkeit verbinden bizarre Felsen, wildromantische Schluchten und luftige Aussichtspunkte. Das Wegenetz ist dicht und gut markiert. Trotzdem gehört eine Wanderkarte in jeden Rucksack. Wer doch den Überblick verliert: GPS ist die aktuelle Alternative.

Künstler gaben den Anstoß

Wer eine gute Woche Zeit hat, sollte dem großen, geschwungenen »M« folgen. Der Malerweg besteht aus 112 Kilometern ungeahnter Fuß- und Augenfreude mit allem, wofür die Region berühmt ist. Die romantische Gesamttour empfiehlt sich in acht Tagesetappen. Der Ursprung liegt im 18. Jahrhundert, als das wildromantische Reiseziel in Mode kam. Die Einzigartigkeit entdeckten die Schweizer Maler Adrian Zingg (1734–1816) und Anton Graff (1736 bis 1813), die den Begriff Sächsische Schweiz prägten. Malerkollegen, wie die Romantiker Caspar David Friedrich und Carl Gustav Carus, aber auch Musiker und Literaten ließen sich hier zu besonderen Werken inspirieren. 13 Schautafeln stehen an Orten, wo einst berühmte Gemälde, Zeichnungen und Stiche entstanden. Sie zeigen und erläutern diese Werke. Der Rundwanderweg geht nach historischem Vorbild durch die faszinierende Felsen- und Tafelbergwelt, mit Pirna als Start- und Zielort.

König aller Wanderwege

Liebethaler und Uttewalder Grund sind erfrischende Oasen. Im Hochsommer ist hier das Wandern besonders angenehm wegen des typisch kühlen Kellerklimas. Auf der Bastei wartet nicht nur die berühmte Aussicht, sondern im Schweizerhaus eine sehenswerte Ausstellung über Maler, ihre Werke und den heutigen Blick auf ihre Motive. Beim Weiterwandern geht es vorbei am Amselfall nach Hohn-

stein in die Heimatstadt der Bergsteigerlegende Bernd Arnold. Hier waren auch der lustige Kasper und sein Erfinder Max Jacob (1888–1967) zu Hause. Zum Puppenspielfest Ende Mai geht es hoch her. Da wackelt die barocke Stadtkirche, ein Gesellenstück des Frauenkirchen-Erbauers Bähr. Ein gemütlicher Weg durch dichten Mischwald führt zur Brandaussicht, die sich 177 Meter aus dem Polenztal mit seinen wilden Märzenbecherwiesen empor reckt. Der weite Panoramablick über das Elbsandsteingebirge wird mit historischen Einblicken in die regionale Tourismusgeschichte verknüpft.
Markante Punkte und bekannte Namen in der hinteren Sächsischen Schweiz folgen, wie Kirnitzschtal, Lichtenhainer Wasserfall, Kuhstall, Technikdenkmal Neumannmühle, Winterberg, Affen- und Schrammsteine. In Schmilka setzt die Fähre über. Den linkselbischen Weg prägen hoch über dem Tal in der offenen Landschaft beeindruckende Tafelberge wie Zirkelstein, Papststein, Gohrisch und Pfaffenstein mit der schmalen Felsnadel Barbarine. Die beeindruckende Festung Königstein, der naturbelassene Rauenstein und die Elbe begleiten den Weg zurück nach Pirna.

Naturschönheiten fotografieren oder malen

Einmaliges ist festzuhalten. Das beste Licht entsteht, wenn die Sonne über dem Meer aus Steinen auf- oder untergeht. Mit etwas Glück kommt in den Tälern Nebel dazu, über dem die Tafelberge zu schweben scheinen. Auch für Langschläfer porträtiert das Licht die Motive aus Sandstein, Bäumen und Farn ständig neu. Das i-Tüpfelchen sind persönliche Erinnerungen mit Stift, Pinsel und Farbe. Das passt zum Motto Malerweg und gönnt der Kamera eine Pause. Oder doch nicht, denn einer »malte« mit Licht: der Dresdner Fotograf Hermann Krone, wie es an der Basteibrücke steht.

MINI-MALERWEG

Mit handwerklichem Geschick ist im Miniaturpark Kleine Sächsische Schweiz die Landschaft der Sächsisch-Böhmischen Schweiz detailgetreu aus Elbsandstein nachgebildet. Wer keine großen Entfernungen liebt und doch bekannte Felsformationen, Bauwerke und den Elblauf im Blick haben will, ist hier richtig. Die schönsten Ausflugsziele ergänzen den Park und laden zum Besuch der Originale ein. Selbst fahrende historische Schiffe, Eisenbahnen, eine Poststation mit Kutsche und der erste Oberleitungsbus Sachsens im Bielatal bringen Bewegung in die Anlage. Mit einer Miniaturbergbahn geht's zum Überblick in luftige Höhe. Bei der Umsetzung neuer Ideen kann man in der Schauwerkstatt dem Steinbildhauermeister zusehen. In der Kreativwerkstatt wartet Sandstein auf den Hobbyhandwerker. Befriedigt das Ergebnis nicht, gibt es noch den Sandstein-Laden mit unerwarteter Vielfalt.

WEITERE INFORMATIONEN

Tourismusverband Sächsische Schweiz:
Bahnhofstraße 21, 01796 Pirna, Tel. 03501 470147, www.saechsische-schweiz.de
Miniaturpark Kleine Sächsische Schweiz:
Schustergasse 8, 01829 Dorf Wehlen, Tel. 03502470631, www.kleine-saechsische-schweiz.de

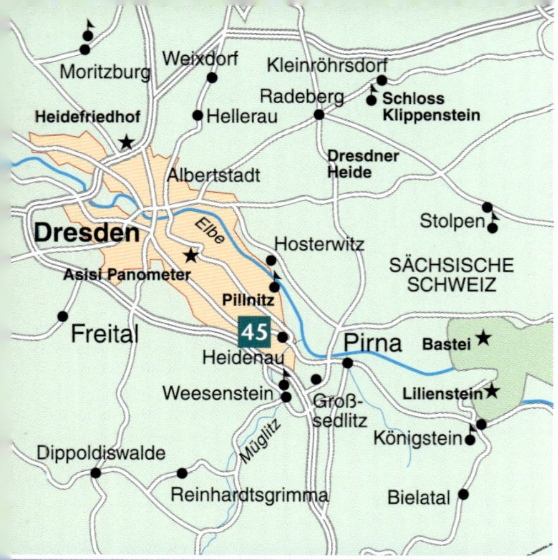

Der Blick zur Oberen Orangerie (oben) lässt etwas von der heutigen Schönheit der Gartenanlage erahnen, die vor drei Jahrhunderten angelegt wurde. Die Sandsteinskulpturen vor Heckenwänden (unten) oder an anderen Stellen des Parks verbinden sächsische Bildhauer- und Gartenkunst des 18. Jahrhunderts.

45 Barockgarten Großsedlitz – eine unvollendete Sinfonie

Gartengestaltung und Gartenerhaltung vom Feinsten

Reichsgraf von Wackerbarth ließ sich um 1720 hoch über der Elbe einen ländlichen Wohnsitz bauen, doch August der Starke schnappte ihm das entstehende Paradies einfach weg. Ein sächsisches Versailles hätte es werden sollen, ein traumhaft unvollendetes Großsedlitz ist es geworden.

Breite Treppenanlagen mit prächtigen Balustraden laden auf mehreren Ebenen zum Flanieren ein. Weite Sichtachsen geben den Blick in die Landschaft frei. Doch auch die Natur hatte sich dem Herrscherwillen zu fügen, wie die akkurat geschnittenen Hainbuchenhecken mit ihren verwinkelten Labyrinthen und lauschigen Nischen eindrucksvoll beweisen. Im Oberen Parterre bilden in Buchsbaum gefasste, farbenfrohe und duftende Blumenrabatten den richtigen Rahmen für prickelnde Wasserspiele, die regenbogenfarben glitzern. Bereichert wird all das von 64 Sandsteinskulpturen, Putten und Schmuckvasen, die Erhabenheit und Dynamik ausstrahlen. Die 24 Originale zählen zu den reifsten Leistungen sächsischer Bildhauerkunst des 18. Jahrhunderts. Bewundernswert sind ihre aus dem Sandstein fein herausgearbeiteten Details, wie der Faltenwurf der Gewänder und der Ausdruck der Gesichter. Bildende und darstellende Künstler sind heute in den Sommermonaten in den Orangerien zu Gast, wenn die 400 Kübelpflanzen ihren Freiluftaufenthalt genießen. Darunter sind 140 Zitrusbäume, die grüne Kugelkronen auf dünnen Stämmen balancieren. Zwischen den Blättern glühen gelbrote Sonnen. Die Bitterorangen oder Pomeranzen sind als Marmelade eine Delikatesse und essbare Souvenirs.

Sich trauen im Lustgarten

Wer von der S-Bahn-Station Heidenau-Großsedlitz zum Barockgarten hinaufwandert, kann zwischen Apfel- und Kastanienallee wählen: Der eine Weg ist für jung Verliebte, der andere für alte Ehepaare. Glücklicherweise führen beide zum großen Gartenportal, das 1960 vom Dresdner Landhaus umgesetzt wurde. Vom Eingangstor ist es nicht weit zu den acht steinernen Liebespaaren der antiken Mythologie, die sich im Park ein Stelldichein geben, oder zum Standesamt in der Oberen Orangerie. Zur Feier spielen dann die Putti der »Stillen Musik« auf ihren steinernen Instrumenten eine heimliche Melodie.
www.barockgarten-grosssedlitz.de

46 Tharandter Wald – Dresdens grüner Südwesten

Nachhaltigkeit ist kein Modewort, sondern gelebte Geschichte

Leipzig in 24 Stunden, Nordamerika in zehn Minuten – das kann nicht stimmen. Die erste Angabe ist rund 280 Jahre alt und steht nicht für herkömmliche Stunden mit 60 Minuten. Die zweite Zahl der Jetztzeit meint nicht Amerika im Allgemeinen, sondern seine Gehölze. Rätselhaft, aber erklärbar.

Des Rätsels Lösung gibt der Kartograf Adam Friedrich Zürner (1679 bis 1742), der Sachsen im 18. Jahrhundert auf kurfürstliche Weisung hin vermessen hat. Der Radumfang seines »geometrischen Wagens« betrug 4,531 Meter, eine »Dresdner Rute«. 1000 Dresdner Ruten, also 4,531 Kilometer, entsprachen damals einer Wegstunde. Deshalb sind die Entfernungen auf Postmeilensäulen der Barockzeit in Stunden angegeben. Rund 60 gut erhaltene oder restaurierte Exemplare gibt es noch auf Marktplätzen oder an ehemaligen Stadttoren in Sachsen. Auf der prächtigen Distanzsäule unterhalb der romantischen Burgruine Tharandt sind es bis Leipzig 24 Stunden. Das macht nach Adam Ries 109 Kilometer, was das moderne Navi sogar bestätigt.

Wald-Studium pur

Die geschwungene Holzbrücke über den Zeisiggrund führt symbolisch 117 Meter von der Alten in die Neue Welt. Sie verbindet über den »Pfad der Nachhaltigkeit« einen der weltweit ältesten forstbotanischen Gärten mit dem jüngst angelegten Nordamerika-Areal. 2000 Gehölzarten aller Kontinente wachsen friedlich miteinander vereint.

Der artenreiche Tharandter Mischwald zwischen Kuppen und Tälern, Schluchten und Felsen ist ein Paradies für Wanderer, Radler und Reiter. Abenteuerpfad, Holzweg und Sinnespfad laden zum Walderlebnis ein, ebenso ein Nordic-Walking-Park und rustikale Picknickplätze. Beim traditionellen Meilerfest zieht ein verführerischer Duft von frisch Gegrilltem durchs Badertal. Für den stehenden Erdmeiler werden zwar Bäume geopfert, aber mit viel Geduld in wertvolles Heizmaterial, sprich Holzkohle, verwandelt. Im Juli rufen klanggewaltige Hörner nach Grillenburg zum Treffen originalgetreuer mehrspänniger Postkutschen. Die Postillione tragen Uniformen nach historischem Vorbild. Auf alten Poststraßen kann man die abwechslungsreiche Landschaft zwischen Erzgebirge und Sächsischer Schweiz im gemächlichen Tempo unserer Vorfahren erkunden.

www.tharandt.de
www.poststrassen-erleben.de

Die restaurierte Postmeilensäule (oben) im Zentrum von Tharandt gibt seit fast 300 Jahren die Reiseentfernungen gut leserlich an. Darüber sind – wie in der Entstehungszeit – das Wappen des Kurfürstentums Sachsen und die polnische Königskrone mit dem königlich-polnisch-litauischen Wappen angebracht.

Der historische Dorfanger Altkötzschenbroda (oben) ist nach Komplettsanierung genauso farbenfroh wie die jährlichen Karl-May-Festtage (unten). Vor dem Belvedere des Erlebnisweingutes Schloss Wackerbarth (rechte Seite unten) schmeckt der Wein, der an den Hängen nachwächst. Die Schmalspurbahn »Lößnitzdackel« (rechte Seite oben) in dampfender Aktion.

47 Radebeul – eine junge Stadt zum Genießen

Weltkenner Karl May trinkt Regionalwein unter Dampf

Die Wein-, Villen- und Gartenstadt ist mit der Geburtsurkunde von 1935 und einem Altersdurchschnitt von 45 Jahren jung. Das »sächsische Nizza« zieht sich zwischen Elbauen und Lößnitzhängen über neun Kilometer mit mehreren Mini-Zentren entlang. Am Spurwechselbahnhof Ost herrscht urbanes Flair, knapp daneben findet man historische Dorfkerne. Die heimliche Mitte ist das sehenswerte Altkötzschenbroda.

Unter den Radebeul-Gründern war Kötzschenbroda, 1271 als Coschebrode erwähnt, wirtschaftlich am stärksten und historisch am interessantesten. Doch dem Dorfanger drohte in den 1980er-Jahren der Totalabriss zugunsten einer Plattenbausiedlung. Zum Glück wurde dieser DDR-Plan nicht realisiert, und 1992 begann die liebevolle Sanierung.

Dörfliches Gesamtkunstwerk

Heute ist der historische Dorfkern ein architektonisches Kleinod, lädt mit viel Charme und frischen Farben ein zum Bummeln, Staunen, Genießen, Kaufen, Musikhören, Theaterschauen und Übernachten. Originelle Kneipen mit Gewölbekellern wechseln ab mit Galerien, Ateliers und der Heimatstube. Neben Designermode und Souvenirs gibt es Obst und Gemüse aus eigenem Anbau sowie eine alteingesessene Bäckerei. Höhepunkt im September ist das Herbst- und Weinfest mit internationalem Wandertheaterfestival.

Die Friedenskirche schließt den Anger ab. Von ihrem Turm eröffnet sich ein fantastischer Blick ins Elbtal und in die Weinberge. Der Kirchenname wurde gewählt, weil 1645 im Pfarrhaus der Dreißigjährige Krieg durch den Waffenstillstand zwischen dem verwüsteten Sachsen und Schweden »schon« nach 27 Jahren beendet wurde. Gedenkplatte, Vertragskopie und ein wurmstichiger Tisch erinnern noch daran.

Alter Wein und neue Erlebnisse

Die Reblaus ist nicht daran schuld, dass sächsischer Wein eine Rarität ist. Es sind die trinkfreudigen Sachsen, die den Elbtalwein so lieben. Sie leeren Fässer und Flaschen schneller, als sie wieder gefüllt werden können. In den Steillagen fangen historische Trockenmauern aus wärmespeicherndem Syenit rund 1570 Sonnenstunden ein und wandeln sie in saftige Trauben um. Dunkle Keller zaubern aromatische Tropfen, die man riechen, schmecken und trinken kann, am besten direkt beim Winzer.

850 Jahre Weinbaugeschichte leben im Sächsischen Weinbaumuseum Hoflößnitz mit wichtigen Fakten und in den Terrassen links und rechts der Spitzhaustreppe, die 397 Stufen durch Rebstöcke steil nach oben führt. Die mit 250 Jahren älteste sächsische Rebe in der Lage Goldener Wagen schweigt, wenn es um den ländlichen Vergnügungsort Hoflößnitz geht, aber Anna Constantia Reichsgräfin von Cosel schrieb im Januar 1710 nach einer Wildschweinjagd ins Gästebuch: »Ein bisschen Wein im Kopf trägt Liebe ins Herz.«

Einige Tausend Rebstöcke weiter lockt Europas erstes Erlebnisweingut Schloss Wackerbarth zum Genuss mit allen Sinnen. Der ehemalige Landsitz trug die Architektur des Barock in die Weinhänge. Der namensgebende Graf suchte hier seine Ruhe, doch über das heutige Touristengewusel an und in der neuen Wein- und Sekt-Manufaktur wäre er wohl sehr erfreut gewesen.

Storys von Silberbüchse und Bärentöter

Weltweit 200 Millionen verkaufte Bücher – dem Sachsen Karl May (1842 bis 1912) ist dieser Coup gelungen. Und in seinem Schreibstübchen in Radebeul wurden die Rappen Iltschi und Hatatitla geboren. Über 100 Jahre später reiten sie auf Erlebnispfaden durch den wilden Osten. Winnetou und sein Blutsbruder Old Shatterhand sind Sternreiter zu den May-Festtagen im bewaldeten Lößnitzgrund. Das Motto: Abenteuer erleben und bestehen, der Fantasie freien Lauf lassen wie das große Vorbild.

Ein absolutes Muss sind die zwei Welten des Karl-May-Museums. In der Villa Shatterhand machen Empfangssalon, Arbeitszimmer und Bibliothek den Eindruck, als hätte der große Meister die Räume nur kurz verlassen. Die Villa Bärenfett im rustikalen Wildwest-Blockhaus entführt 850-mal ins spannende Indianerleben Nordamerikas.

SCHNAUFENDE DACKEL, DIE NICHT BELLEN

Die Lößnitzgrundbahn dampft seit 1884 mit 750 Millimetern Spurweite täglich von Radebeul-Ost über die Moritzburger Teichlandschaft nach Radeburg. Die Wagen sind im Winter geheizt. Im Sommer bietet der offene Panoramawagen Sicht auf Weinberge, Winzerhäuser, Stadtvillen, das Ausflugslokal »Spitzhaus«. Eine über 100-Jährige grüßt: Undosa, beliebte Wellenmaschine im Bad des Naturheilkundlers Eduard Bilz. Er experimentierte auch mit anderen Flüssigem, als Erfinder der Sinalco. Da sich die Räder der Schmalspurbahn schnell wie kleine Hundebeine durch die Landschaft bewegen, wird sie liebevoll »Lößnitzdackel« genannt.

WEITERE INFORMATIONEN

Tourist-Information Radebeul: Meißner Straße 152, 01445 Radebeul, Tel. 0351 895 41 20, www.radebeul.de

Karl-May-Museum: www.karl-may-museum.de

Sächsisches Weinbaumuseum Hoflößnitz: www.hofloessnitz.de

Sächsisches Staatsweingut: www.schloss-wackerbarth.de

Lößnitzgrundbahn: www.loessnitzgrundbahn.de

In der Schauwerkstatt (oben) und im Museum (unten) der Staatlichen Porzellanmanufaktur erfährt der Besucher alles über die Porzellanherstellung seit 1710 bis heute. Die bekannte Silhouette von Meißen mit Albrechtsburg und Dom (rechte Seite unten), die sich in der Elbe spiegeln. Wein wird erst durch liebevolle Arbeit zum Genuss (rechte Seite oben).

48 Meißen – Porzellan- und Weinstadt

Die Wiege Sachsens hat ihr Fummel-Geheimnis

Wer Außergewöhnliches liebt, wird in Meißen fündig. Das erste Porzellan Europas kam aus einem teuer ausgebauten Wohnschloss, das die Sachsenherrscher nicht mehr brauchten. Rekordverdächtig ist, dass sich 1500 Winzer an einem einzigen Ort tummeln. Ein Bäcker fummelt Luft in filigrane Hüllen, um Staatsvorgaben zu erfüllen. In Sachsen, speziell in Meißen, ist alles möglich.

Heinrich, erster deutscher König, trägt vor dem ehemaligen Franziskanerkloster und heutigen Stadtmuseum eine Miniaturburg, Symbol für den Bau der Festung Misni auf dem Felsplateau hoch über Elbe, Triebisch und Meisa anno 929. Sie ist Namensgeberin der Mark Meißen. Die Markgrafschaft fiel 1089 an die Wettiner, die 829 Jahre ununterbrochen regierten. Hier ist die Wiege Sachsens – sogar zweimal – denn am 3. Oktober 1990 wurde auf der Albrechtsburg das Bundesland wieder neu gegründet.

Schloss ohne Herrscher

Der spätgotische Komplex erhebt sich heute majestätisch über dem linken Elbufer, ist lebendiger Kulturschauplatz unter dem Motto »Albrechtsburg Meißen. Das ist die Höhe!« Die Ausstellung im ersten Schlossbau des deutschsprachigen Raumes verbindet Baukunst, Macht und Porzellan. Die Stadtsilhouette bestimmen auch die imposant aus dem Burghof ragenden Türme des Doms, dessen Fürstenkapelle eine Begräbnisstätte der Wettiner-Dynastie ist.

Vom Burgberg geht der Blick zum spätgotischen Rathaus, zur Frauenkirche mit dem weltweit ersten Porzellan-Glockenspiel und über die Dachlandschaft, die vom frischen Rot restaurierter Bürgerhäuser dominiert wird. Im Sommerhalbjahr zaubern Töpfermarkt, Literatur- oder Weinfest eine besondere Atmosphäre auf Plätze, in verwinkelte Gassen, zwischen Portale mit Sitznischen.

Geschichte des »Weißen Goldes«

Auf dem Weg zur Porzellan-Manufaktur fällt in der Konditorei »Zieger« superleichtes Backwerk auf. Das eher fad schmeckende Gebäck sollte den Alkoholkonsum auf Dienstreisen eindämmen und wurde als »Meißner Fummel« berühmt. Würde dazu der herzschonende Blümchenkaffee passen, der durch hiesige Tassen bekannt wurde?

Aufklärung bringt die Erlebniswelt des »Weißen Goldes«. Das Museum entführt in 300 Jahre Porzellangeschichte, die an-

fangs völlig abgeschirmt auf der Albrechtsburg und seit 1863 am heutigen Standort im Triebischtal geschrieben wurde. Vier Stationen in der Schauwerkstatt demonstrieren eindrucksvoll die meisterliche Fertigung von Geschirr und Figuren per Hand, das Können der Gestalter, Former, Bossierer und Maler. Beständiges Element seit 1722 sind die gekreuzten Schwerter, das handgemalte Markenzeichen.
Über die Jahrhunderte hinweg ist eine unüberschaubare Vielfalt entstanden. Und doch ist alles wiederholbar durch rund 700000 Modelle im Formenarchiv. Ein Auftrag ist allerdings 270 Jahre lang liegen geblieben: August der Starke wünschte sich für sein Japanisches Palais eine Orgel mit 800 Porzellanpfeifen. Erst im Jahr 2000 gelang es den Manufakturisten, klingende Orgelpfeifen aus Porzellan herzustellen. Neue Formen, Farben und Dekors braucht die Welt, um unter sich ändernden Bedürfnissen bestehen zu können; zu erwerben in der hauseigenen Boutique oder auch bei Harrods in London.

Das Auge trinkt mit

Oben futuristisch offen mit Weitblick, unten historisch gemütlich mit Kellerlabyrinth – auf der anderen Elbseite verknüpft die WeinErlebnisWelt im ehemaligen kurfürstlichen Weingut Moderne mit Tradition. Sie ist Veranstaltungsort für Genießer und Heimstatt für 1500 Mitglieder der Winzergenossenschaft, Elbtal-Kleinwinzer mit Liebe zur Qualität. Die Vielfalt der rund 60 Rebsorten bekommt ein einheitliches Mäntelchen, die »Sachsenkeule«. In diese typische Flaschenform wird auch die Spezialität abgefüllt, die nur in Sachsen angebaut wird: der Goldriesling, ein hervorragender Sommerwein. Seine Wachstumseigenschaften passen perfekt zum Mikroklima des Elbtals. Er treibt spät und reift zudem früh.

PRINZEN-TRAUBEN REIFEN MIT STADTBLICK

Im Neobarockschloss Proschwitz und im gepflegten Park geht es quirlig zu. Georg Prinz zur Lippe lädt zur Parklust ins größte private Weingut Sachsens ein, verbindet Genuss und Kultur. Qualitätsweine aus 13 Rebsorten wachsen auf 90 Hektar Sonnenlage über Löss und rotem Granit. Im benachbarten Zadel werden sie schonend ausgebaut. Das Weingut im Vierseithof hat den perfekten Keller, ein Restaurant und eine Pension. Aus handverlesenen Birnen, Kirschen oder Quitten entstehen in der hauseigenen Spezialitätenbrennerei Edelbrände, Geiste und Liköre. Die regionale Kür ist der Dresdner Stollenlikör, der von Mitte Oktober bis zum Heiligen Abend angeboten wird.

WEITERE INFORMATIONEN

Tourist-Information Meißen: Markt 3, 01662 Meißen, Tel. 03521 41940, www.touristinfo-meissen.de
Albrechtsburg: www.albrechtsburg-meissen.de
Staatliche Porzellan-Manufaktur: www.meissen.com
Sächsische Winzergenossenschaft: www.winzer-meissen.de
Schloss Proschwitz: www.schloss-proschwitz.de

Das restaurierte Fasanenschlösschen (oben) wird wegen seiner Anmut auf kleinstem Raum »Paradies in der Nussschale« genannt. Moritzburg und Pferde (unten) gehören ebenso zusammen wie das Barock- und Jagdschloss (rechte Seite unten) und seine umgebenden Teiche. Die Begrüßung ist musikalisch – mit Jagdhorn (rechte Seite oben).

49 Moritzburg – Natur umschmeichelt Kultur

Wo Aschenbrödel endlich ihren Prinzen fand

Das strahlende Goldgelb der Turmmauern und das satte Rot der Dächer spiegeln sich im klaren Blau der Teiche – das muss ein Märchenschloss sein. Sechs überlebensgroße Jäger aus Sandstein laden mit friedlicher Geste zum Näherkommen ein. Hinter massiven Türen verwandeln Möbel, Gemälde, Porzellan und Tafelsilber die Räume zu Stätten des höfischen Wohnens und Tafelns. Noch fehlen die Mitwirkenden.

August der Starke brauchte für seine Leidenschaften ein repräsentatives Jagd- und Lustschloss. Er ließ es weithin sichtbar auf den Mauern eines Renaissancebaus im Mittelpunkt des wildreichen Friedewalds errichten. Schon am Aufgang grüßen Skulpturen, deren lustvolle Details die Fantasie beflügeln. Großformatige Ledertapeten verwandeln die Säle in ein Bilderbuch der Mythologie, in deren Mittelpunkt die Jagdgöttin Diana steht. Eine der größten Trophäensammlungen Europas erinnert auf holzgeschnitzten, bemalten und teilweise vergoldeten Hirschköpfen an die Jagdlust der früheren Herrscher und ihrer Gäste. Im legendären Federzimmer, einem einmaligen Meisterwerk aus fast zwei Millionen farbigen Federn, darf keiner übernachten. Der heutige Moritzburg-Liebhaber schläft in den frisch sanierten Teichhäusern am Wasser.
In früheren Jahrhunderten wurde der Prachtbau in der kalten Jahreszeit einfach geschlossen. Seit vier Jahren entwickelte sich ein Winterexperiment zum Publikumsmagneten. Tausende strömten in die traumhafte Ausstellung »Drei Haselnüsse für Aschenbrödel«. Der bekannte Film wurde zum Teil in Moritzburg gedreht. Durch viele Originale und den alles entscheidenden Schuh – diesmal im XXL-Format – wurde die verzwickte Liebesgeschichte mit Happy End wieder lebendig.

Ein Leuchtturm für die Aristokratie

Über eine Sichtachse ist das Hauptschloss mit dem Fasanenschlösschen verbunden, seit 1776 das Sommerparadies in der Nussschale. Eine Hausführung ist touristische Pflicht, denn die weltweit einzigartigen Wandbespannungen aus Stroh, Federn, Seide und Perlen-Stickereien wurden jüngst liebevoll restauriert. Beim Hinausgehen traut man jedoch den Augen kaum: Mitten im Binnenland taucht ein Hafen mit Mole und Leuchtturm auf, extra geschaffen als Kulisse für rauschende Feste des sächsischen Adels. Der namensgebende Fasanengarten mit historischen Sandsteinsäulen und Futtertrögen ist wie-

der Domizil für die stolzen Vögel, die sich in den Spaliergärten sichtbar wohlfühlen, aber heute wie damals in kulinarische Genüsse verwandelt werden.

Edle Hengste und schmackhafte Fische

Kraft und Eleganz der Pferde, Mut und Geschicklichkeit der Reiter und Fahrer – das sind die Zutaten bei den Hengstparaden des Landgestüts Anfang September. Der berittene Fanfarenzug eröffnet traditionell die dreistündige Programmfolge. Immer wieder begeistern historische Schaubilder: die große Dressurquadrille mit 25 Warmblütern, waghalsige Kosakenreiterei, wilde Haflinger und zum Abschluss beeindruckende Sechzehnspänner mit Postkutsche.

Rothirsche, Wölfe, Muffelwild und 25 weitere Tierarten stehen im Wildgehege auf Augenhöhe. Mit mehr Mut sind sie aus der Luft zu beobachten. Wer im Waldhochseilgarten unter den mächtigen Kronen uralter Buchen auf Holzstegen an Drahtseilen von Baum zu Baum balanciert, kann seine physischen und psychischen Grenzen ausloten. Nicht Schwindelfreie finden im Pavillon des neuen Wolfsgeheges einen optimalen Beobachtungsplatz.

Eine Besonderheit der charakteristischen Kleinkuppenlandschaft sind die rund 30 Himmelsteiche, die sich durch Regenwasser und Schnee füllen. In ihnen wachsen mit natürlicher Nahrung Karpfen, Hechte und Schleien heran. Beim großen Abfischen des Schlossteiches am letzten Oktoberwochenende sind schon viele Besucher auf den Geschmack gekommen.

Zwischen Natur und Kultur pendelt man zu Fuß, per Rad oder mit der dampfenden Schmalspurbahn. Besonders passend zum Pferdeort Moritzburg ist natürlich eine Kutschfahrt.

SOMMERMUSIK VOM FEINSTEN

Im August liegt etwas besonders Melodisches in der Luft: das Moritzburg Festival begeistert in zauberhaften Spielstätten wie dem Schloss und der Kirche sein Publikum mit Kammermusikkonzerten. Für die beteiligten Musiker aus aller Welt ist es ein beliebter Treffpunkt, der sogar ein bisschen Urlaubsgefühl verbreitet. Da bietet es sich doch an, zu besonderen Aufführungsorten noch etwas ins Umland zu reisen, wie zum Schloss Proschwitz, zur Frauenkirche, zum Palais im Großen Garten oder zur Gläsernen Manufaktur Dresden. Das ist nun schon seit 20 Jahren musikalische Sommervernetzung vom Feinsten, die der weltbekannte Cellist Jan Vogler als künstlerischer Leiter perfekt in Szene setzt.

WEITERE INFORMATIONEN

Tourist-Information Moritzburg: Schlossallee 3b, 01468 Moritzburg,
Tel. 035 207 85 40,
www.kulturlandschaft-moritzburg.de
Schloss Moritzburg:
www.schloss-moritzburg.de
Sächsisches Landgestüt:
www.saechsische-gestuetsverwaltung.de
Wildgehege Moritzburg:
www.wildgehege-moritzburg.sachsen.de
Moritzburg Festival:
www.moritzburgfestival.de

Bautzen und die Region Oberlausitz sind sehenswert. Es gibt die regionaltypischen Umgebindehäuser (oben), den Saurierpark in Kleinwelka (unten), das Kloster St. Marienstern in Panschwitz-Kuckau (rechte Seite oben). Die Stadt selbst lädt von Weitem durch ihre markanten Türme (rechte Seite unten) ein und im Inneren durch ihren historischen Kern.

50 Bautzen – viele Türme bieten gute Aussicht

Zwei Kulturen halten die über 1000-Jährige jung

Über der hügeligen Landschaft der Oberlausitz grüßen eindrucksvoll Wassertürme, Kirchen, die Renaissancegiebel der Ortenburg, rote Ziegeldächer und silberne Monde. Wir nähern uns Bautzen/Budyšin. Zweisprachige Orts- und Straßenschilder versetzen Touristen zuweilen in Erstaunen. Sie sind eine Selbstverständlichkeit in dieser Region, wo seit einem Jahrtausend Deutsche und Sorben gemeinsam leben.

Wer den Aufstieg auf einen der Türme wagt, wird mit einem fantastischen Blick auf Stadt und Umland belohnt. Besonders Mutige erklimmen den Schiefen Turm, den 56 Meter hohen Reichenturm, der oben 1,44 Meter von der Senkrechten abweicht. Zu Füßen liegt eine der charaktervollsten Städte mit 1400 Baudenkmälern. Trutzige Stadtmauern umspannen das Granitplateau hoch über der jungen Spree.

Die geöffnete Tür im Gitter verbindet

An höchster Stelle thront der prächtige spätgotische Dom St. Petri mit der klangvollen Eule-Orgel. Seit der Reformation 1524 ist das Gotteshaus Simultankirche für Protestanten und Katholiken – praktizierte Ökumene unter einem Dach. Der Dom reiht sich würdig in die touristische Route Via Sacra ein. Sie verbindet 16 einzigartige sakrale Bauwerke und Kunstschätze im Dreiländereck Deutschland–Polen–Tschechien.

Die historische Pumpentechnik im Wehrturm Alte Wasserkunst lässt den früheren Kampf ums kostbare Nass auf dem Felssporn erahnen. Dennoch waren Stadtbrände nicht zu verhindern, wie etwa 1720. Danach entstanden viele der farbenprächtigen, barock gestalteten Häuser auf der heutigen Flaniermeile Reichenstraße, die auch dünne Portemonnaies akzeptiert. Museen und Veranstaltungen, wie der alljährliche Theatersommer im Areal der Ortenburg, bieten Geschichte in einzigartigem Flair. Etwas abseits laden romantische Gassen zu Spaziergängen und urige Kneipen in historischen Gemäuern zum Verweilen ein. Mit etwas Glück ist ein »Silbermond« zu entdecken, denn die Mitglieder der berühmten Band kehren gern in ihre Heimatstadt zurück.

Seinen Senf dazugeben

»Die Lausitz schmeckt« ist nicht nur ein cooler Werbespruch, sondern erlebbare Gastfreundschaft mit sächsischen, sorbischen, schlesischen und böhmischen Wurzeln. Höhepunkte sind das »Oberlausitzer Genussfestival« im Sommer und

die »Lausitzer Fischwochen« im Herbst. Dabei wird kulinarische Experimentierfreudigkeit mit traditioneller Bodenständigkeit verbunden. Eine besondere Rolle spielt der legendäre Bautz'ner Senf, über den man in einem speziellen Museum alles erfahren kann.

Lebendige slawische Geschichte

Die Lausitz ist vom friedlichen Miteinander von Deutschen und heute rund 60000 Sorben geprägt. Das kleinste slawische Volk pflegt engagiert seine Sprache und seine Traditionen. Das Sorbische Museum ist ein begehbares Buch zur Geschichte und Lebensweise. Wie ein Puzzle ergänzen sich die Informationen, zum Beispiel das Wissen um Farbe und Material der Trachten. Das zweisprachige Deutsch-Sorbische Volkstheater begeistert mit seinem anspruchsvollen Repertoire, und auch das Sorbische National-Ensemble geht weltweit auf Tourneen. Besonders bekannt sind sorbische Bräuche rund ums Osterfest. Und kunstvoll verzierte Eier, die mit Freude am Farb- und Musterspiel in überlieferter Wachs-, Ritz- oder Ätztechnik gezaubert werden, sind beliebte Mitbringsel. Sehenswert sind die Prozessionen am Ostersonntag: Festlich gekleidete Reiter auf reich geschmückten Pferden tragen die frohe Botschaft von der Auferstehung Jesu Christi auf traditionellen Wegen von Ort zu Ort.

Im Ortsteil Kleinwelka geht die Reise 65 Millionen Jahre zurück in die Urzeit. Dinosaurier beherrschten damals Land, Meer und Lüfte. Die ausgestorbenen Pflanzenfresser sind heute in Originalgröße wieder erlebbar. Die gesamte Familie kann *Tyrannosaurus Rex* und seinen Wegbegleitern ohne Furcht im Park ins Auge blicken oder doch lieber im benachbarten Irrgarten verschwinden. Zusätzliche Attraktionen sind Riesenrutschen und die Seilbahnfahrt über das Labyrinth.

ZUKUNFT BRAUCHT KENNTNIS DER VERGANGENHEIT

Die zwei Haftanstalten in Bautzen sind unter den Namen »Gelbes Elend« und »Stasi-Knast« in die grausame Geschichte des letzten Jahrhunderts eingegangen. Bautzen I ist heute eine zeitgemäße Justizvollzugsanstalt, Bautzen II ist eine Gedenkstätte. Sie erinnert am authentischen Ort an die Opfer beider Gefängnisse in drei Verfolgungsperioden: Nationalsozialismus, sowjetische Besatzungsmacht und SED-Diktatur. Die Ausstellung arbeitet historische und politische Hintergründe auf, die vielen Einzelschicksale politisch Gefangener zeigen ein beklemmendes Stück deutscher Geschichte. Dieses dunkle Bautzen-Kapitel ist Mahnung und gleichzeitig Verpflichtung zum unablässigen Kampf für Freiheit und Demokratie.

WEITERE INFORMATIONEN

Tourist-Information Bautzen: Hauptmarkt 1, 02625 Bautzen, Tel. 03591 42016, www.bautzen.de
Dom St. Petri: www.dompfarrei-bautzen.de
Bautz'ner Senfladen: www.bautzner.de
Serbski Muzej – Sorbisches Museum: www.museum.sorben.com
Gedenkstätte Bautzen: www.gedenkstaette-bautzen.de

Die Hengstparade in Moritzburg –
kraftvoll und elegant

Die Häuser am Neumarkt überraschen im Inneren mit unerwarteten Lösungen, wie im QF Quartier an der Frauenkirche (oben). Der große Meister Erich Kästner blickt in seinem Museum bei der Recherche über die Schulter (Mitte). Der UFA-Kristallpalast an der St. Petersburger Straße zeigt besonders am Abend seine kristalline Form (unten).

Register

Bildhauerkunst in Vollendung: Die »Üppigkeitsvase« am Palais im Großen Garten macht ihrem Namen alle Ehre (oben). Trommler (Mitte) eröffnen mit wildem Wirbel die Dresdner Schlössernacht vor Schloss Albrechtsberg. Für kleine Gruppen perfekt geeignet: eine Floßfahrt auf der Elbe (unten) inklusive Wassermassage für die Füße.

Das Belvedere (oben) von Schloss Wackerbart in Radebeul hat ein wunderbares Ambiente für standesamtliche Trauungen. Geruch, Geschmack und Farbe des Elbtalweins (Mitte) bestehen jede Prüfung bestens. Das Restaurant »Vincenz Richter« (unten) am Meißner Markt ist eine bekannte Adresse mit spannender Geschichte und interessanter Weinzukunft.

Impressum

Verantwortlich: Dorothea Sipilä
Redaktion: Linde Wiesner, Pullach
Layout und Bildredaktion:
VerlagsService Gaby Herbrecht, Mindelheim
Korrektorat: Anke Höhne, München
Repro: Repro Ludwig, Zell am See
Umschlaggestaltung: Frank Duffek, München
Kartografie: Astrid Fischer-Leitl, München
Herstellung: Bettina Schippel
Printed in Italy by Printer Trento

★★★★★

Sind Sie mit diesem Titel zufrieden? Dann würden wir uns über Ihre Weiterempfehlung freuen.
Erzählen Sie es im Freundeskreis, berichten Sie Ihrem Buchhändler oder bewerten Sie beim Onlinekauf.
Und wenn Sie Kritik, Korrekturen, Aktualisierungen haben, freuen wir uns über Ihre Nachricht an Bruckmann Verlag, Postfach 400209, D-80702 München oder per E-Mail an lektorat@verlagshaus.de.

Unser komplettes Programm finden Sie unter

www.bruckmann.de

Alle Angaben dieses Werkes wurden von den Autoren sorgfältig recherchiert und auf den neuesten Stand gebracht sowie vom Verlag geprüft. Für die Richtigkeit der Angaben kann jedoch keine Haftung übernommen werden.

Bildnachweis
Alle Bilder des Innenteils und des Umschlags stammen von Peter Hirth, außer: S. 9 (m.), 71 (u.), 113 (u. und o. r.), 163 (m.): PR First Class Concept GmbH; S. 23 (o.): Theaterkahn – Dresdner Brettl © Carsten Nüssler; S. 12 (u.) und Coverrückseite Galerie Neue Meister/Staatliche Kunstsammlung Dresden, 24, 26, 27 (u.), 33 Historisches Grünes Gewölbe/Staatliche Kunstsammlungen Dresden, 34 Historisches Grünes Gewölbe/Staatliche Kunstsammlungen Dresden, 35 (links) Historisches Grünes Gewölbe/Staatliche Kunstsammlungen Dresden, 35 (r. o. und m.) Neues Grünes Gewölbe/Staatliche Kunstsammlungen Dresden, 35 (r. u.) und 36 (r.) Rüstkammer/Staatliche Kunstsammlungen Dresden, 36 (l. o.) Kupferstich-Kabinett/Staatliche Kunstsammlungen Dresden, 37 (o.), 38/39 Neues Grünes Gewölbe/Staatliche Kunstsammlungen Dresden, 45 (r. o., m., u.) Porzellansammlung/Staatliche Kunstsammlungen Dresden, 46 (r.) Gemäldegalerie Alter Meister/Staatliche Kunstsammlungen Dresden, 47 (l.) Gemäldegalerie Alter Meister/Staatliche Kunstsammlungen Dresden, 49, 50 (u.), 58 Galerie Neue Meister/Staatliche Kunstsammlung Dresden, 65 (u.), 106 (o. und u.), 107 (u.); Ernst Wrba, Wiesbaden; S. 37 (u.): Staatliche Kunstsammlungen Dresden/David Brandt; S.51 (u.), 81 (o.) © Matthias Creutziger; S. 59 (r.): Schlösserland Sachsen/Frank Höhler; S. 106 (m.): Schlösserland Sachsen/Antje Heinze; 127 (o.): Schlösserland Sachsen/Wolfgang Friebel; 127 (u.): Schlösserland Sachsen/Sylvio Dittrich; S. 131 (o.) © Christoph Münch; S. 137: www.1001maerchen.de/David Pinzer; S. 143 (o. r.) © Botanische Sammlungen des Landschlosses Pirna-Zuschendorf.

Folgende Fotos von Peter Hirth mit freundlicher Genehmigung des Schlösserlandes Sachsen – www.schloesserland-sachsen.de: S. 8 (m.), 9 (o.), 12 (l. m.), 14 (l. und r. o.), 15 (r. o.), 16 (l.), 18 (l. o.), 30 (l. o. und u.), 31 (l. u.), 42 (l. o. und u.), 43, 44, 45 (l. u.), 46 (l. o., m. und u.), 47 (r. o.), 104 (r. o. und u.), 105, 124 (r. o. und u.), S. 126 (l. o. und u.), 140 (l. o.), 144 (l. o.), 150 (l. o. und u.), 156 (l. o.), 157 (l. u.), 157 (r. o.), 163 (r. o.).

Umschlag Vorderseite, v. o. n. u.: Blick auf Königstein (links) und den Lilienstein (rechts) im Elbsandsteingebirge; Dresdner Zwinger mit Glockenspielpavillon; Panorama des sächsisches Barockensembles.
Umschlag Rückseite, v. l. n. r.: Nixe von Max Klinger im Albertinum; Anlegestelle der Sächsischen Dampfschifffahrt; Stahlplastik »Völkerfreundschaft« an der Prager Straße.
Klappe vorne: Elbe und Brühlsche Terrasse. Im Hintergrund die Semperoper und die Augustusbrücke.
Klappe hinten: Der Theaterplatz, König Johann Denkmal, Sempergalerie und Semperoper.

Innentitel: Abendstimmung an der Elbe – Blick zur Altstadt.
Vorsatz: Der barocke Zwinger.
Hintersatz: Blick von der Bastei auf Elbe und Rathen.

Die Deutsche Nationalbibliothek verzeichnet diese Publikation in der Deutschen Nationalbibliografie; detaillierte bibliografische Daten sind im Internet über http://dnb.d-nb.de abrufbar.

ISBN 978-3-7654-6776-9